Lesehefte für den Literaturunterricht
In neuer Folge herausgegeben von
Rainer Siegle und Jürgen Wolff

Jurij Brězan

Die Schwarze Mühle

mit Materialien
zusammengestellt von
Günter Lange

Ernst Klett Verlag
Stuttgart Düsseldorf Leipzig

Gedruckt auf Papier aus chlorfrei gebleichtem Zellstoff, säurefrei.

1. Auflage 1 6 5 4 3 2 | 2001 00 99 98 97

Alle Drucke dieser Auflage können im Unterricht nebeneinander benutzt werden, sie sind untereinander unverändert. Die letzte Zahl bezeichnet das Jahr dieses Druckes.

Umschlag und Seite 4: Manfred Muraro, Stuttgart.
Gesamtherstellung: Wilhelm Röck, Weinsberg.
ISBN 3-12-261970-9

Inhalt

Die Schwarze Mühle

Einer geht durch das Land, ein Junger oder ein Alter, man kann es nicht sehen, er ist noch zu weit. Er scheint schmächtig; aber wer ist nicht schmächtig in Zeiten wie diesen?

Fragt ihn jemand, woher, zeigt er mit der Hand hinter sich: daher. Fragt ihn jemand, wohin, nickt er, und das heißt: dahin.

Jetzt sieht man es auch, daß er jung ist. Ein Junge, vielleicht fünfzehn, vielleicht siebzehn Jahre. Vielleicht ist er auch älter. Wer schon sieht einem genau die Jahre an, einem, der, befragt nach Vater und Mutter, eine Handbewegung macht, eine weite, ratlose Bewegung mit der Hand. Mancher deutet sich die Antwort so: irgendwo im Land. Ein anderer: irgendwo in Not. Es ist ein und dasselbe. Keiner denkt: dort oder dort im Glück. Ein Bauer, der ihm nachsieht, sagt: Vielleicht ist es Krabat.

Krabat, von dem die Leute erzählen: Einmal fiel ein Stein vom Himmel, er traf auf die Kuppe des Großen Sagen-Berges und zerbarst. Aus den Trümmern stieg Krabat und schritt ins Land. Einmal wird ein Stein gen Himmel fahren, darin wird Krabat sein. Dazwischen wird Krabat ein Mensch sein und tun, was er tun muß. Niemand weiß, was Krabat tun muß.

Erster Teil

— I —

Krabat liegt in einer Kuhle am Waldrand, eingegraben in Buchenlaub, die Oktobernächte sind kalt. Er weiß nichts von dem, was die Leute über ihn erzählen, er friert und ist hungrig. Er sieht hinauf zu den Sternen, silbriges und rötliches Geflimmer. Warum steht dieser helle, unruhige Stern heute hier, genau über ihm? Vor zehn Tagen war er weit links zu sehen, tief am Horizont. Krabat starrt den Stern an: ob der sich bewegt.

Der Stern rührt sich nicht, aber der Himmel verändert sich. Er ist plötzlich keine Decke mehr, an der die Sterne hängen. Er ist ein riesiges schwarzes Loch, darin die Sterne schwimmen. Krabat blinzelt, und sofort ist der Himmel wieder eine Decke. Aber Krabat glaubt nicht mehr an die Decke. Er versucht wieder das schwarze Loch zu sehen. Einmal gelingt es, und Krabat ist es, als ob er in diese unendliche Schwärze hineinfiele.

Am Morgen, als er aufwacht, weiß er nichts von seiner Sternenfahrt. Sein Laubbett ist weiß, das Moos ist weiß. Er friert. Die Sonne geht auf. Eine Stunde, und sie hat den Reif aufgeleckt.

Es hat nicht geschneit – und alles ist weiß. Die Sonne hat keine Zunge – aber sie leckt den Reif auf.

Krabat rennt ein Stück. Der Hunger wird nicht kleiner davon. An einem Brombeerstrauch hängen noch Früchte. Eine Handvoll Brombeeren ist nicht viel, aber wenn man unter dem Haselbusch sucht, findet man eine Handvoll Nüsse dazu: Das ist kein übles Frühstück. Es marschiert sich leichter danach, und man hat das Gefühl, daß man heute noch mehr zum Essen finden werde.

Vielleicht fängt man sogar einen Hasen. Es könnte sein, der Hase schläft so tief, daß man ihn bei den Ohren hat, bevor er aufwacht. Oder aber: Er hat sich zwei Beine gebrochen und kann nicht ausreißen. Oder: Er reißt aus, noch halb im Schlaf, paßt nicht auf und rennt mit dem Schädel gegen einen Baum.

Hast du schon einmal einen Hasen gesehen, der gegen einen Baum gerast ist? fragt Krabat.

Ich nicht, sagt Krabat, aber wenn es einen solchen Hasen gäbe und ich fände ihn ...

Krabat lacht. Er steht auf einem Hügelchen und schaut sich um. Nirgends ein Hase, der sich selbst zum Braten anbietet.

Im Osten wälzt sich die Sonne auf die Baumwipfel. Krabat vergißt den Hasen und sieht der Sonne zu. Ein roter Feuerball. Sie brennt und brennt und verbrennt nicht. Krabat starrt in das rote Feuer, bis er blind ist. Es ist nicht die Sonne, die ihn blendet. Es sind die Geheimnisse, die Rätsel, die Fragen.

Die uralte Weissagung fällt ihm ein: Irgendwo steht eine große eiserne Truhe, sieben Schlösser hat sie, ein riesiger Wolf bewacht sie. In der Truhe steckt das Wissen. Wer den Wolf überwindet, dem öffnen sich die Geheimnisse, lösen sich die Rätsel, der findet Antwort auf jede Frage.

Krabat schlendert den Hügel hinab.

Wer alles weiß, dem brennt es nicht in der Brust, als hätte er die Sonne in sich.

Hinter einem Wacholderstrauch schläft ein Hase. Fast erschrickt Krabat vor soviel Glück. Langsam, Schritt für Schritt, schleicht er näher: Der Hase schläft. Noch einen Schritt und noch einen, und jetzt ... Der Hase fährt hoch und rennt, nein, er rennt nicht, er hoppelt, es scheint, als habe er sich einen oder vielleicht sogar zwei Läufe gebrochen. Siebenmal erwischt Krabat ihn beinahe.

Der Hase flüchtet zum Wald hin. Krabat rennt hinter ihm her, rote Sonnenfunken tanzen vor seinen Augen. Der Hase erreicht den Wald, hohe, dicke Buchenstämme. Hundert Schritt noch, dann rettet ihn das Dickicht. Noch einmal nimmt Krabat alle Kräfte zusammen, er macht einen Riesensatz und prallt mit dem Kopf gegen einen Baum. Die roten und silbrigen Nachtsterne tanzen vor seinen Augen, er schüttelt den Kopf, die Sterne verlöschen.

Der Hase ist nicht gegen den Baum gerannt, denkt er und lacht.

Der Wald lacht auch, tief und fröhlich.

Krabat hebt den Kopf. Vor ihm steht ein Mann, der Mann lacht.

„Na, du Hasenfänger!“ sagt der Mann.

Er sieht nicht aus, als hätte er es nötig, Hasen hinterherzulaufen. Er nimmt seine Hand vom Rücken: Er hat den Hasen.

„Du hast ihn gejagt, und ich habe ihn gefangen“, sagt der Mann. „Er gehört zur Hälfte dir.“

Krabat springt auf. „Ein halber Hase ist soviel wie ein ganzer“, sagt er. „Ich mache Feuer.“

„Warte!“ sagt der Mann. „Zieh ihm erst das Fell über die Ohren!“

So schnell hat Krabat noch nie einen Hasen gehäutet – beinahe, als ob der Hase von allein aus dem Fell schlüpfte.

„Nimm ihn aus!“ befiehlt der Mann.

Krabat nimmt den Hasen aus; als er sich umwendet, sieht er Buchenscheiter brennen, nicht zu sehr, nicht zuwenig, genau das richtige Feuer, einen Hasen darauf zu braten.

„Das geht schnell bei dir!“ ruft er aus.

„Wer weiß, der kann“, sagt der Fremde, holt eine Büchse mit Salz, eine Büchse mit Pfeffer aus der Hosentasche und bestreut den Hasen. An seiner Hand stecken drei Ringe.

Zwei Astgabeln, ein Haselnußspieß – Krabat dreht den Braten über dem Feuer.

Der Fremde zieht ein langes weißes Brot aus dem Rock, reicht die Hälfte Krabat. Er teilt den Hasen, man muß sagen: brüderlich. Krabat nagt jedes Knöchelchen ab, sauber wie eine Ameise, liest die letzten Brotkrümelchen auf, dehnt sich und sagt: „Das war der beste Hase, den ich je gegessen habe.“

„Ein Schluck Wein gehört danach“, sagt der Fremde. Er greift hinter sich – hat er auch auf dem Rücken Taschen? – und bringt eine Flasche zum Vorschein. Sogar zwei Becher trägt er mit sich herum.

„Zum Wohl!“ sagt Krabat.

Der Fremde nickt.

„Kannst du jede Woche haben, Hasenbraten und Wein“, sagt er.

Krabat lacht. „Jetzt bin ich satt, und wenn ich wieder hungrig bin ...“

„... dann wirst du an Hasenbraten denken“, wirft der Fremde ein.

„An etwas, was den Bauch satt macht“, entgegnet Krabat.

Eine Weile schweigen sie.

Dann fragt der Fremde, was jeder fragt: „Wohin wanderst du?“

„Dahin“, antwortet Krabat und zeigt noch vorn, seiner Nasenspitze voraus.

„Genau in der Richtung steht meine Mühle“, sagt der Fremde. „Du kannst das Mühlwerk hören.“

Krabat hört eine Mühle gehen.

„Ich will nicht zu deiner Mühle“, sagt er und wendet sich ab.

„Du könntest bei mir Mühlknecht sein“, redet der Müller. „Sonntags Hasenbraten oder meinetwegen auch mittwochs, sonnabends Plinsen auf Leinöl.“

„Ein feines Essen.“ Krabat nickt. „Aber ich will kein Mühlknecht sein. Ich will den Wolf erschlagen.“ Er steht auf. „Leb wohl, Müller! Und danke schön. Den Wolf, der die Truhe des Wissens bewacht, will ich erschlagen.“

Er geht davon, der Nase nach.

„Hallo!“ ruft der Müller und grinst. „Du mußt dich rechts halten!“

„Rechts klappert deine Mühle“, ruft Krabat zurück.

Plötzlich ist der Müller neben ihm.

„In meiner Mühle steht die Truhe“, sagt er.

„Du machst Spaß, Müller“, antwortet Krabat.

„Denk an das Feuer“, spricht der Müller, „und daß ich sagte: ‚Wer weiß, der kann.‘“

„Und der Wolf?“ fragt Krabat.

Der Müller lacht. „Der Wolf ist ein Märchen. Die Truhe hat sieben Schlösser.“

Er zieht ein Schlüsselbund aus der Tasche, sieben kunstvolle, verzwickte Schlüssel für sieben kunstvolle, verzwickte Schlösser.

„Sieben Bücher Wissen hat die Truhe, sieben Schlüssel hat der Müller“, sagt der Müller und klingelt mit dem Schlüsselbund.

„Gut!“ sagt Krabat. „Ich gehe mit dir.“

Er blickt in die Richtung, aus der er die Mühle klappern hört. Warum aber sollte der Wolf nicht wahr sein, wenn die Truhe wahr ist?

Er öffnet seinen Rock und zeigt dem Müller eine Narbe, die ihm quer über die rechte Brust läuft.

„Ich habe Erfahrung mit Wölfen“, spricht er und lacht. „Die mich anfielen, haben es nicht überlebt.“

Der Müller betrachtet ihn mit Wohlgefallen. Breite Schultern, kräftige Beine, kein Heu im Kopf, ein guter Knecht, denkt er. An Krabats rechtem Handgelenk entdeckt er einen schimmernden Streifen.

„Was hast du denn da?“ fragt er neugierig.

„Ich weiß nicht recht, Müller, was es ist“, antwortet Krabat. „Einmal zog ich ein Kind, ein Mädchen aus dem Fluß und brachte es seiner Mutter. Die Frau sagte: ‚Ich habe nichts, was nicht auch du hättest, ich gebe dir meine Freude.‘ Und seither habe dich diesen Reif.“

„Warst du denn reich damals?“ fragt der Müller verwundert, während er vorangeht.

Krabat lacht. „So reich wie sie: gute Luft zum Atmen, gutes Wasser zum Trinken und schöne Träume vom satten Bauch.“

Das Land wird sumpfig. Der Müller kennt den Pfad durch den Sumpf.

— II —

Die Mühle steht mitten im Sumpfwald.

„Wie heißt der Wald?“ fragt Krabat.

„Der Schwarze Wald“, antwortet der Müller.

Ein Bach treibt das große Mühlrad.

„Wie heißt der Bach?“

„Der Schwarze Kolm“, sagt der Müller.

Das Wasser ist tintenschwarz, man sieht nicht einmal, ob es sich bewegt.

Die Mühle mahlt, aber nirgends liegt ein Stäubchen Mehl, nirgends ein Wagen, der Korn zur Mühle brächte.

Ein Steg führt über den Bach.

Krabat zögert vor dem schwarzen Wasser.

„Ein Müllerbursche, der wasserscheu ist!“ spottet der Müller.

Mit sanfter Gewalt schiebt er Krabat vorwärts.

Sie überschreiten den schwarzen, unbeweglich scheinenden Bach. Die Mühle, die geschwiegen hat, als Krabat vor dem Steg zögerte, poltert wieder los.

Der Hof ist blankgefegt, kein Stäubchen, kein Hälmchen, kein Tier und kein Mensch. Der Müller führt Krabat in einen Raum neben dem Mahlwerk.

Mitten im Raum steht die Truhe.

Sie hat sieben Schlösser.

„Wenn du mir ein Jahr dienst“, spricht der Müller, schließt ein Schloß auf, die Truhe öffnet sich und zeigt ein Buch, ein dickes, in graues Leder gebundenes Buch. „Wenn du mir zwei Jahre dienst“, der zweite Schlüssel öffnet das zweite Schloß, zwei Bücher liegen in der Truhe, das dritte, das vierte, das fünfte, das sechste Schloß. „Und wenn du mir sieben Jahre dienst“, sieben Bücher liegen in der Truhe, das siebente ist siebenmal so groß wie das erste, „dann weißt du alles, was ich weiß, dann weißt du alles, was überhaupt jemand wissen kann!“

Wie betäubt steht Krabat. In seiner Brust spürt er das Brennen.

Der Müller schlägt die Truhe zu, die Schlösser schließen sich, eines nach dem anderen; als ob ein Uhrwerk abliefe, hört es sich an.

„Was muß ich tun?“ fragt Krabat heiser.

„Mein Müllerbursche mußt du sein“, antwortet der Müller.

Krabat hat den Wolf erschlagen wollen, der die Truhe des Wissens bewacht – warum soll er nicht ein Müllerbursche sein? Sieben Jahre vergehen schnell.

„Ich bin es“, sagt Krabat.

Der Müller hält ihm die Hand hin. „Schlag ein!“

Krabats Rechte, an der der Reif sitzt, hängt unbeweglich. Wie von allein hebt sich seine linke Hand, er legt sie in die Hand des Müllers, der Müller bemerkt es nicht.

Oder bemerkt er es doch? Er sieht Krabat an, als gäbe es Gott weiß was zu bedenken, dann schnippt er mit den Fingern.

„Komm!“ sagt er.

Er führt ihn in eine große Kammer, zwölf Betten, zwölf Hocker vor den Betten, zwölf Haken an der Wand. Drei Fenster, eng, waagerecht und senkrecht vergittert.

„Such dir ein Bett aus!“

Krabat sieht, daß jedes Bett seinem Schläfer gehört. Ratlos blickt er den Müller an.

„Nimm eins, sagte ich“, spricht der Müller ungeduldig, „um mehr kümmere dich nicht!“

Krabat tritt an ein Bett, von dem aus man liegend durch das Fenster schauen kann.

„Ich will die Sterne sehen, wenn ich einschlafe“, sagt Krabat, „und den Morgenhimmel, wenn ich aufwache.“

Der Müller lacht, laut und fröhlich. Er zeigt auf einen schneeweißen Mülleranzug, der am Haken neben dem Bett hängt. „Zieh dich um!“

Krabat zieht den einen Rock aus, den anderen an. Der Müller führt Krabat in die Mühle.

Zwölf Müllerburschen stehen in Reih und Glied aufgebaut, die Gesichter grau, die Augen aufgerissen. Dem ersten und dem letzten in der Reihe zittern die Glieder.

„Na?!“ sagt der Müller drohend.

„Zwölf ist die Zahl. Dreizehn hat die Wahl.“ Die Müllerburschen rufen es wie aus einem Munde, sie zerhacken die Sätze in einzelne Silben, das letzte Wort schreien sie und ziehen es lang, soweit ihr Atem reicht.

„Du bist Dreizehn“, spricht der Müller zu Krabat. „Wähle einen!“

„Wozu?“ fragt Krabat. Er sieht die Gesichter seiner neuen Gefährten an, auf jedem Gesicht ist Furcht und ist Hoffnung.

„Frag nicht und wähle!“ befiehlt der Müller.

„Was geschieht mit ihm?“ fragt Krabat.

„Wenn du keinen wählst, wählst du dich selbst.“ Der Müller lacht. „Die sieben Bücher – du siehst dann nicht ein einziges.“

„Nein – nicht, bevor du mir sagst, was mit dem geschieht, den ich wähle“, erklärt Krabat.

Er sieht, daß die Hoffnung auf den Gesichtern seiner Gefährten wächst.

„Ich schenke dir das erste Jahr“, flüstert der Müller, der Krabat auf alle Fälle behalten will. Er glaubt sich zu erinnern, daß irgendwo in den sieben Büchern die Rede von einem Burschen ist, der einen Reif am rechten Handgelenk trägt. Und außerdem ist Krabat offensichtlich mutterlos.

„Heute noch, jetzt gleich, springt das erste Schloß der Truhe für dich auf.“

Er beugt sich näher an Krabats Ohr. „Und der Bursche, den du wählst – nun, er kann gehen, wohin er will. Ich will ihm sogar einen festen Anzug mitgeben, aus geschmeidigem Leder; auch eine Waffe, damit er sich wehren kann, soll er haben. Und wenn er in der Mühle bleiben will – ein Platz wird sich finden. Und wenn ihr zwölf ihm von eurem Essen abgebt, bitte sehr! Nur eben, Müllerbursche kann er hier nicht länger sein.“

„Warum nicht?“ fragt Krabat.

„Zwölf ist mein Prinzip“, antwortet der Müller.

Krabat blickt den Müllerburschen ins Gesicht, der Reihe nach einem nach dem anderen.

Siebenmal habe ich den Hasen beinah erwischt, sieben

Bücher hat die Truhe, sieben Schlösser muß man brechen ..., er zeigt auf den siebenten.

„Der da!"

Elf Müllerburschen atmen auf, der zwölfte will aufschreien, aber der Müller tritt heran, berührt den Bezeichneten mit einem Stöckchen, und das Schreien bleibt ungeschrien. Der Bursche fällt in sich zusammen, fällt auf alle viere, seine Gestalt verändert sich schneller, als er denken kann, ein schwarzer Wildeber, bewaffnet mit spitzen Hauern, fährt zur Tür hinaus.

Krabat schreit: „Du hast mich belogen!"

Der Müller lächelt. „Ich habe ihm einen Anzug aus Leder gegeben, Waffen, damit er sich wehren kann, ich habe ihn laufen lassen, wohin er will. Wo ist etwas gelogen?"

„Nichts ist gelogen, Meister", sagen elf Müllerburschen.

Krabat schweigt.

„Zwölf ist mein Prinzip", sagt der Müller ruhig. „Gesagt ist gesagt, und wer weiß, der kann."

— III —

Überall hängen unsichtbar des Müllers Spione, die alles hören und jeden Laut aufschreiben.

Am Abend prüft der Müller das Aufgeschriebene. Wer mehr als sieben Wörter gesprochen hat, verliert einen Arm zwischen den Mühlsteinen. Wer zweimal sieben Wörter gesprochen hat, muß mit den Fingernägeln das Mühlrad sauber abkratzen. Er kratzt sich die Hände ab bis auf die Stümpfe. Wer siebenmal sieben Wörter gesprochen hat, den verwandelt der Müller in ein Tier.

Krabat sagt laut: „Wer weiß, der kann."

Die Spionenohren des Müllers schreiben seine Wörter auf, aber kaum geschrieben, werden sie zu undeutbaren Kreisen. Krabats Gedanken aber können sie nicht einmal hören.

Krabat denkt: Wer weiß, der kann auch den Müller überwinden.

Das Mühlwerk läuft, die Steine poltern. Die Müllerburschen rennen und schwitzen, sie schütten leere Säcke in den Mahltrichter. Jeder Tropfen Schweiß rieselt unten als ein Goldkörnchen in einen schweinsledernen Sack.

Die Sonne geht unter. Mit einem Ruck bleibt die Mühle stehen.

Krabat tritt an ein Fensterloch. Er sieht, auch das Wasser, das schwarze Mühlbachwasser, das erst unbewegt schien, steht jetzt wirklich. Auch die Bäume stehen still, als wären sie gefroren.

Unter den Bäumen gräbt ein schwarzer Keiler nach Bucheckern. Er ist das einzige, was sich bewegt. Krabat schaudert es.

„Nun", sagt hinter ihm der Müller, „wie gefällt es dir?"

„Gut", Krabat zertritt die Furcht, die ihn ankriechen wollte. „Wann zeigst du mir das erste Buch?"

„Drängst du dich so sehr danach?" fragt der Müller. „Meine klügsten Lehrlinge sterben – leider – am schnellsten. Zu klug ist nicht klug, mein Junge!"

„Ich habe keine Angst", entgegnet Krabat fest.

„Tapfer, tapfer!" Der Müller lacht und klopft Krabat auf die Schulter. „Geh voraus, ich komme gleich."

Der Raum, in dem die Truhe steht, ist hell, obwohl keine Lampe brennt. Das Licht strahlen die Wände aus, die Decke strahlt Wärme aus.

Ein schwerer, riesiger Tisch, dahinter ein Lehnstuhl aus Eichenholz, ein rohgefügter Schemel davor, sonst ist der Raum leer bis auf die Truhe.

Krabat weiß es genau: Als ihn der Müller das erstemal hier hineinführte, war nur die Truhe da.

Er setzt sich auf den Hocker und betrachtet die Truhe. Vielleicht kann er das Geheimnis der sieben Schlösser entdecken.

Der Müller kommt, holt das erste Buch aus der Truhe und legt es auf den großen eichenen Tisch. Zugleich löscht er das Licht in den Wänden.

Krabat sagt: „So kann ich nicht lesen. Mache Licht!"

Der Müller antwortet: „Du sollst das Buch haben, noch

heute, habe ich gesagt. Gesagt ist gesagt. Vom Licht war keine Rede."

Krabat überlegt.

Der Müller lacht. „Gib dir keine Mühe! Das Geheimnis des Lichtes steht in dem Buch, das du nicht lesen willst ..."

„Ich will, aber du läßt mich ja nicht!" ruft Krabat.

„Also", fährt der Müller fort, „wenn du nicht studieren willst, mach dich ins Bett! Marsch, in die Kammer!"

An der Tür berührt er Krabat mit seinem Stöckchen. Krabat ist es, als stürze er in einen ungeheuren Abgrund.

„Schlaf schön!" höhnt der Müller und schließt die Kammertür von außen zu.

Krabat, in einen Raben verwandelt, fliegt an das vergitterte Fensterloch.

„Darum also die Gitter!" sagt er.

In der finsteren Ecke der Kammer krächzt und flattert es wild durcheinander. Krabat entdeckt seine Gefährten, sie sind Raben wie er. Er fliegt zu ihnen.

„Hört zu, Brüder", sagt er, „wir sind zwölf, und er ist einer. Wir müssen mit ihm kämpfen."

Die Raben krächzen.

„Wir sind Raben."

„Gibt es kein Mittel?" fragt Krabat.

„Das Gitter ist eng. Schlaf, und laß uns schlafen!"

Elf Raben hocken auf einer Stange, stecken die Köpfe in das Brustgefieder und schlafen.

Krabat fliegt zurück an das Fensterloch und schaut hinaus. Der Himmel über der Mühle ist sternenlos. Krabat klammert sich an das Gitter. An seinem rechten Rabenfuß schimmert der Reif, der Reif sprengt das Gefängnis des Müllers.

Krabat fliegt auf die Nachtstange: Das Gitter schließt sich. Er fliegt zum Fenster, faßt mit dem rechten Rabenfuß ans Gitter: Das Gitter weicht.

Wer weiß, der kann, Müller! denkt Krabat triumphierend. Er könnte fliehen, aber was nützt das? Er muß die Geheimnisse des Müllers ergründen, muß seine Macht brechen. Er fliegt auf den nächsten Baum und äugt in die hellerleuchtete Kammer des Müllers.

Der Müller sitzt am Tisch und liest in dem siebenten Buch, das siebenmal so groß ist wie das erste. Der Müller scheint laut zu lesen, Krabat sieht, wie seine Lippen sich bewegen, aber er vernimmt keinen Laut.

Er überlegt, wie er nahe genug kommen kann, um den Müller lesen zu hören. Er entdeckt den Schornstein.

Er fliegt hin, lauscht. Nichts ist zu hören.

Eine Spinne zieht ihre Fäden über die schwarze Öffnung hin und her. Dann schlingt sie ihren Faden um Krabats Rabenleib. Der Faden ist stark und fest.

Krabat vertraut sich dem Werk der Spinne an. Er legt die Flügel zusammen und läßt sich in den Schornstein gleiten. Der Spinnenfaden hält.

Krabat hört den Müller sprechen.

„Kommt einer mit dem Reif an der Hand.
Dein Gehilfe: keine Sorge.
Kein Gehilfe: deine Sorge.
Aha!“ sagt der Müller, „ich verstehe. Ich werde dafür sorgen, daß ich keine Sorgen bekomme.“ Er freut sich über sein Wortspiel und liest murmelnd weiter:

„Die Schwarze Mühle braucht die Söhne der Mütter ...
Oder sie müßte stehenbleiben und verrotten.
Nur die Mütter können ihre Söhne retten.
Gut, daß Krabat keine Mutter hat!“

Der Müller lacht.

Der Spinnenfaden zieht Krabat hinauf. Er fliegt zurück, greift mit dem rechten Fuß an das Fenstergitter, schlüpft in die Kammer und setzt sich auf die steinerne Brüstung. Die Gefährten schlafen den Rabenschlaf. Krabat denkt Menschengedanken.

Die Mütter können die Söhne retten.

Hat Krabat keine Mutter?

— IV —

Der Tag bricht an. Der Müller erscheint, streicht mit seinem Stöckchen über zwölf schwarze Rabengefieder und jagt zwölf weißgekleidete Müllerburschen an die Arbeit. Draußen auf dem Hof raunzt der wilde Keiler.

„Nun“, ruft der Müller fröhlich, „unserem Freund gefällt es nicht allein im Wald. Unser Freund hat keine Lust, sich mühsam sein Fressen zu suchen. Krabat, sperr den Keiler in den Stall!“

Krabat tritt auf den Hof, der Keiler reibt sich schon an der Stalltür. Krabat öffnet die Tür, der Keiler fährt hinein.

Schweine schreien fürchterlich. Krabat blickt in den Stall. Zwölf hellfarbene Schweine drängen sich in einer Ecke zusammen und schreien. Der schwarze Wildeber frißt schmatzend aus ihrem Trog.

„Macht nicht solchen Lärm!“ sagt Krabat. „Er wird euch schon nicht alles wegfressen.“

Aber die Schweine lassen sich nicht beruhigen.

Krabat hockt sich nieder und flüstert dem Schwarzen ins Ohr: „Ich werde dich retten. Hörst du?“

Der Keiler frißt und frißt und hört nicht. Krabat nimmt ein Stück Brot aus der Tasche und hält es ihm hin. Der Keiler schnappt danach, beinahe hätte er Krabats Hand mitgefaßt.

Auf der Schwelle steht der Müller.

„Wieviel sind es?“ fragt er.

„Zwölf und der Keiler“, antwortet Krabat.

„He! Burschen!“ ruft der Müller.

Krabats Gefährten laufen herbei.

„Heute ist Schlachtfest!“ sagt der Müller. „Holt das fetteste Schwein! Denn zwölf ist mein Prinzip.“

Krabat wundert sich, daß seine Gefährten sich nicht freuen, manche stehen da mit hängenden Köpfen, manchen ballen heimlich die Fäuste.

Einer tritt vor den Müller.

„Wir wollen kein Fleisch, Meister“, sagt er mit fester Stimme.

„Gut“, sagt der Müller, „du willst also kein Fleisch. Aber ihr wollt doch Fleisch, was?“

„Nein, Meister“, antworten die anderen.

„Aber ich will!“ schreit der Müller. „Bei Sonnenuntergang komme ich heim. Dann steht mein Lieblingsgericht auf dem Tisch.“ Leise fügt er hinzu: „Oder einer von euch muß dran glauben. Ihr könnt euch ja untereinander verständigen, wer heute den letzten Tag lebt.“

Pfeifend marschiert er über den Steg. Mit Gepolter setzt sich die Mühle in Gang und treibt die Müllerburschen an die Arbeit.

Krabat hält den zurück, der gewagt hat, dem Müller entgegenzutreten.

„Wie heißt du?“ fragt Krabat.

„Markus“, antwortet der andere.

„Markus“, flüstert Krabat, „was ist das Lieblingsgericht des Müllers?“

Sechs Wörter hat Markus heute schon gesprochen, spräche er noch zwei, verlöre er eine Hand.

Mit dem Finger schreibt er auf die Erde, aber sein Finger hinterläßt nicht die geringste Spur.

Krabat denkt nach, dann sagt er – er zählt seine Wörter nicht –: „Schreibe mir auf die Brust.“

Markus zeichnet Buchstaben auf Krabats Brust, Krabat liest sie, als sähe er sie wirklich.

Schwarze Tunke, schreibt der Finger.

Krabat kennt das Gericht: Frisches Schweineblut wird in einem irdenen Topf gerührt, bis es nicht mehr klumpt. Dann wird es, gewürzt mit Majoran, Salz, Zucker, Essig und gestoßenem Zimt, auf langsamem Feuer im Tontopf gekocht, bis es ein dicker schwarzer Brei geworden ist. Dazu ißt man frisches, gekochtes Schweinefleisch – es gibt kein besseres Gericht als Schwarze Tunke.

„Warum wollt ihr nicht?“ fragt Krabat.

Markus schreibt: Die im Stall sind unsere Gefährten.

Krabat erblaßt, entsetzt starrt er Markus an.

„Gibt es kein Mittel, sie zu retten?“

Markus spricht sein letztes Wort, das er an diesem Tag sprechen darf: „Nein!“

Krabat überlegt lange. Mir hat sich das Gitter geöffnet...

„Ich versuche es“, sagt er. „Willst du mir helfen?“

Markus nickt.

„Arbeite für zwei, für dich und mich“, spricht Krabat.
Markus reicht Krabat die Hand.

„Bruder!“ sagt Krabat.

Mit dem linken Zeigefinger schreibt Markus auf Krabats Herz: Bruder.

Sie sind bereit, den Kampf aufzunehmen, zwei Brüder.

Markus läuft in die Mühle, um seine und Krabats Arbeit zu verrichten. Jeden Abend zählt der Müller die Tropfen Schweiß, die zu Goldstaub geworden sind. Wehe den Müllerburschen, wenn zuwenig Schweiß in den Mahltrichter getropft ist!

Krabat geht zur Kammer des Müllers. Die Kammer ist verschlossen und verriegelt.

Er berührt mit seinem Armreif das Schloß. Der Riegel schiebt sich zurück.

Krabat steht in dem Raum der Truhe. Der Tisch, der Stuhl und der Schemel sind nicht da. Krabat berührt die glatte Wand, die lautlos verschwindet.

Und dort steht der riesige Tisch! Und auf dem Tisch liegt das Buch, in dem der Müller nachts gelesen hat!

Krabat stürzt auf das Buch zu. Aber dann setzt er sich ratlos in den Lehnstuhl. Das Buch ist so breit wie der Tisch und so dick, wie der Schemel hoch ist. Wo soll ich anfangen zu suchen, wie ich die in Tiere verwandelten Gefährten retten kann, denkt Krabat. Wo in diesem Buch, das größer ist als jedes Buch, das je einer gesehen hat?

Ich muß zuerst nachdenken, dann kann ich suchen. Krabat denkt lange nach, ohne etwas ausdenken zu können. Zornig schlägt er schließlich mit der rechten Faust auf das riesige Buch. Sofort hebt sich der Buchdeckel, die Seiten blättern sich um, schnell, aber ordentlich, mehr als tausend Seiten wechseln von rechts nach links, bis das Buch aufgeschlagen liegenbleibt.

Diese Seite liest Krabat langsam und sorgfältig, er prägt sich jedes Wort fest ein und betrachtet die dazugehörigen Zeichnungen so lange, bis er sie mit geschlossenen Augen vor sich sieht.

Noch einmal überprüft er alles, dann schlägt er das Buch wieder zu, läßt die Wand zurückrollen und verläßt das Zimmer.

Der Riegel schiebt sich wieder vor, das Schloß knarrt und knirscht – die Tür ist verschlossen, wie sie der Müller verschlossen hat.

Krabat geht auf den Hof. Vor der Haustür schließt er die Augen und ruft die erste Zeichnung aus seinem Gedächtnis heraus: zwanzig Schritt nach links, von dort genau im rechten Winkel sieben Schritt geradeaus, noch einmal eine Vierteldrehung und weitere zwölf Schritt – hier müßte die Tür sein.

Die Tür ist da, und hier ist der Knopf, der die Tür öffnet. Krabat betritt den verborgenen Raum. Und da steht der Wagen! Innen an seiner Stirnseite Hebel und Knöpfe und ein Ohr, das alle Befehle aufnimmt und weiterleitet, man muß nur die richtigen Worte wissen.

Krabat weiß sie, er springt auf den Sitz. „Start!"

Der Wagen schnurrt leise wie eine Katze und fährt auf den Hof.

„Stopp!" Der Wagen steht.

Krabat rennt in den Stall, ergreift eines von den Schweinen, das sich hinauszerren läßt, als wäre es schon tot. Er wirft es auf den Wagen, springt selbst hinauf.

„Start!" Der Wagen rollt los.

„Schneller!" befiehlt Krabat.

Der Wagen rast durch den Sumpfwald, einen kaum sichtbaren Wildwechsel entlang.

Nach einer Stunde hält Krabat vor einem Bauernhof.

„Hast du ein Schwein?" ruft er dem Bauern zu.

„Nur ein kleines", antwortet der Bauer.

„Nimm mein großes, gibt dein kleines", sagt Krabat.

„Aber ..."

„Frag nicht! Morgen oder übermorgen komme ich wieder. Dann erfährst du alles. Aber meinem Schwein darf nichts passieren! Hörst du?"

„Drei Tage warte ich", sagt der Bauer. „Wenn du bis dahin nicht gekommen bist, schlachte ich das deine! Es ist fett, und wir haben nichts zu essen."

„Spätestens übermorgen bin ich wieder da“, sagt Krabat.

In großer Eile tauschen sie die Tiere um.

In großer Eile fährt Krabat zurück, stellt den Wagen an seinen Platz, holt Markus aus der Mühle, und gemeinsam schlachten sie das Schwein des Bauern. Sie lassen das Blut in einen irdenen Topf laufen, Markus quirlt das Blut, und Krabat zerteilt das Schwein. Wenn es zerteilt ist, sieht niemand so leicht, ob es ein großes oder ein kleines Tier war.

Markus und Krabat reichen sich die Hände.

Pünktlich zur Minute des Sonnenuntergangs kehrt der Müller zurück. Die ganze Mühle duftet nach frischer Schwarzer Tunke und gekochtem Schweinefleisch. Der Müller ist zufrieden. Die Mühle bleibt mit einem Ruck stehen. Jeder Müllerbursche bekommt ein Fauststück Fleisch.

Dann streicht der Müller mit seinem Stab über zehn Müllerburschen. Sie verwandeln sich in Raben und flattern krächzend auf ihre Nachtstange.

Krabat und Markus dürfen bei ihm sitzen. Der Müller hat gute Laune. Er nimmt die abgenagten Knochen vom Tisch und berührt sie mit seinem Stab. Die Knochen werden fingergroße rosige Schweinchen, die auf dem Tisch herumlaufen.

„Hopp!“ befiehlt der Müller.

Die winzigen Schweinchen stellen sich in einer Reihe auf und heben sich auf die Hinterbeine. Sie stehen regungslos wie Soldaten bei der Parade. Der Müller lacht, trinkt Wein und spielt mit den Schweinchen.

Krabat flüstert Markus zu: „Wie heißt deine Mutter?“

Markus schreibt auf die Brust des Freundes den Namen seiner Mutter und den Ort, wo sie wohnt.

Plötzlich hat der Müller sein Spiel satt.

„Trollt euch!“ schreit er, hebt seinen Stab und berührt die beiden.

Zwei Raben – Krabat und Markus – flattern in die Kammer.

Der Müller verschließt die Kammer und schiebt drei Riegel davor.

Markus seufzt: „Ach, wär ich doch nie losgezogen, das Glück zu suchen!“

„Welches Glück wolltest du suchen?“ fragt Krabat.

„Ich weiß nicht. Irgendwo würde ich es schon finden, dachte ich, und dann wüßte ich, was es ist. Ein Sack Geld vielleicht oder vielleicht ... Als wir heute den Gefährten vor dem Tode retteten, spürte ich zum erstenmal, was es wirklich sein könnte.“

„Wir werden es finden“, spricht Krabat.

— V —

Kaum sind die Schritte des Müllers verklungen, verläßt Krabat in Rabengestalt sein Gefängnis. Er überfliegt den Schwarzen Wald, überfliegt einen See, zwei Berggipfel und noch einmal einen Wald; dann breitet sich unter ihm ebenes Land aus, das ein Bach durchfließt. Krabat folgt dem Bach, und dort, wo der Bach eine scharfe Krümmung nach rechts macht, liegt das Dorf, das Markus ihm beschrieben hat.

Jetzt muß Krabat nur noch die Linde finden, die mit ihrer großen Krone ein kleines Haus fast gänzlich verdeckt.

Die Linde ist nicht zu übersehen, der Mond wirft ihren riesigen Schatten auf das Häuschen.

Krabat setzt sich auf den First des Strohdaches.

„In der Giebelstube an der Lindenseite schläft meine Mutter“, hat Markus gesagt. Das Giebelfenster an der Lindenseite steht einen Spaltbreit offen. Krabat drängt sich hinein. Er hört Menschen atmen. Langsam gewöhnen sich seine Augen an die Dunkelheit, und er sieht drei Kinderbetten und ein breites Bett, in dem die Kindereltern schlafen.

Krabat weiß, daß er im richtigen Haus ist, aber die junge Frau dort ist nicht Markus' Mutter.

Er setzt sich an das Kopfende des breiten Bettes und flüstert dem Mann ins Ohr: „Wo ist die Mutter von Markus?“

Der Mann antwortet wie im Traum: „Sie sucht ihren Sohn.“

„Wo?“

„Überall“, flüstert der Schläfer.

Er dreht sich herum. Ein Kind lacht im Traum.

Krabat schlüpft aus dem Fenster und fliegt auf die Linde.

„Markus, Bruder“, spricht er vor sich hin, „deine Mutter sucht dich. Wie kann ich sie finden?“

Traurig fliegt Krabat zurück, während seine scharfen Augen das Land absuchen. Eine Mutter, die ihren Sohn sucht, könnte auch jetzt unterwegs sein.

Er prallt an einen Turm und fällt halb betäubt zur Erde.

Am Fuß des Turmes, in einem wind- und wettergeschützten Winkel, kauert eine dunkle Gestalt. Sie erhebt sich, als ihr der Vogel vor die Füße fällt. Es ist eine Frau, grauhaarig und schwarz gekleidet. Ihr Gesicht ist hager, ihre Hände sind krumm von schwerer Arbeit.

Sie hebt den Vogel auf und spürt, daß er nicht tot ist.

„Hast du dir etwas gebrochen, Schwarzer?“ spricht sie mit dunkler, guter Stimme.

Sie erschrickt nicht, als der Rabe antwortet: „Nichts habe ich mir gebrochen. An den Turm bin ich geprallt, fast hätte ich mich erschlagen.“

Die Frau holt ein Stück Brot aus der Tasche.

„Danke“, sagt Krabat, „ich bin nicht hungrig. Ich habe auch keine Zeit, hier zu sitzen. Vor Sonnenaufgang muß ich bei dem Schwarzen Müller sein, der mich verzaubert hat.“

Da kommt ihm ein Gedanke. „Nur die Mütter können den Zauber lösen“, spricht er. „Willst du nicht meine Mutter sein?“

Die Frau sagt: „Ich hatte drei Söhne. Einer starb im Krieg. Einen erschlug ein Baum. Der dritte wollte das Glück suchen und fand es nicht. – Ich nehme dich zum Sohne.“

„Einer wollte das Glück suchen“, spricht Krabat. „Hieß er Markus?“

Überrascht hebt die Frau den Kopf.

„Dein Sohn lebt, Mutter. Und nur du kannst ihn befreien“, sagt Krabat, berichtet ihr alles und beschreibt ihr den Weg zur Schwarzen Mühle.

„Ein weiter Weg, Sohn“, sagt die Frau.

„Ein weiter Weg, Mutter“, antwortet Krabat. „Und ein schlimmer Mensch, der Müller. Du mußt deinen Sohn von ihm fordern. Er wird dich in eine Kammer führen, wo zwölf Raben auf einer Stange sitzen. Elf werden sich mit dem Schnabel unter dem linken Flügel putzen, einer unter dem rechten. Das wird Markus sein.“

„Und du?“ fragt die Mutter. „Ich habe dich zum Sohn genommen!“

„Ich danke dir, Mutter“, sagt Krabat. „Mich erkennst du leicht an dem Schimmer hier.“ Er zeigt ihr seinen rechten Rabenfuß. „Der Müller wird lachen und sagen: ‚Such dir deinen Sohn aus.‘ Du zeigst auf Markus und auf mich, und auch die böseste Macht des Müllers wird machtlos gegen dich sein.“

„Ich komme“, sagt die Frau.

„Ich werde es dir danken, Mutter“, sagt Krabat.

„Wenn die Söhne leben, wie es sich für Menschen gehört, danken sie es ihren Müttern am besten“, antwortet die Frau.

„Ich muß fliegen“, spricht Krabat. „Leb wohl, Mutter. Und komme bald!“

„Ich komme“, wiederholt die Frau.

Krabat fliegt zurück, so schnell ihn seine Flügel nur tragen können.

Er schlüpft durch das Gitterfenster, fünf Atemzüge bevor die Sonne aufgeht.

— VI —

Als die Sonne schräg über dem Wald steht, ruft der Müller Krabat und Markus zu sich.

„Ihr gefallt mir, Burschen“, sagt er. „Wer soviel Verstand im Schädel hat und nicht so schnell ins Stottern und Schlot tern gerät, der ist zu Besserem berufen, als früher oder später ein Schwein zu werden. Ich will euch zu meinen Gehilfen machen."

Er führt sie in sein Gemach, auf dem Tisch liegen die abgenagten Knochen, mit denen er gestern sein Zauberspiel gespielt hat.

„Das sind Kindereien", sagt er. „Aber natürlich: Nur wer weiß, der kann."

„Die Bücher, Müller!" fordert Krabat.

„Wenn ich sehe, daß ihr meine Sache zu der euren macht, dann sollt ihr auch nach und nach Einblick in die Bücher des Wissens und der Macht erhalten", erklärt der Müller. „Zuerst aber muß ich wissen, ob ihr mir ergeben seid."

„Wir sind es, Müller", sagt Krabat.

„Wir sind es, Meister", sagt Markus.

„Ich gebe nichts auf Worte, Freundchen. Mich überzeugen nur Taten. – Einverstanden?"

„Einverstanden!" antworten Krabat und Markus wie aus einem Munde.

„Gut", spricht der Müller. „Zuerst einmal, damit alles klar ist zwischen uns: Wer mich betrügt, stirbt. Zweitens: Ihr seid nicht mehr die Kumpane der anderen, sondern meine Gehilfen. Habt ihr genau verstanden, was das bedeutet?"

„Wir haben genau verstanden", antworten die beiden.

„Dann sind wir uns einig." Der Müller tritt an den riesigen eichenen Tisch, berührt eine verborgene Feder, ein Schubfach öffnet sich.

Der Müller nimmt zwei dünne, aus roten und schwarzen Fäden geflochtene Schnüre aus dem Schub. Eine Schnur heftet er Krabat auf die linke Schulter, die andere dem Markus.

„Die Schnur gibt euch die Macht, in meinem Namen Menschen in Tiere zu verwandeln", spricht der Müller. „Auch ihr selbst könnt jede Gestalt, die ihr wollt, annehmen. Solange ihr die Schnur besitzt, könnt ihr jederzeit in die Menschengestalt zurück. Bloß, Freundchen – um Klarheit zu schaffen: Gegen mich ist eure Schnur ein Fliegenschiß. Klar?“

Markus und Krabat nicken.

Der Müller blickt auf seine Uhr. Er hat hohe Eile: Jedes Jahr am gleichen Tag zur gleichen Minute muß er für siebenmal sieben Stunden Wolfsgestalt annehmen. Verletzte er das Gesetz, müßte er zugrunde gehen. Nur der Ort ist ihm freigestellt. Der Müller pflegt einen weit entfernten zu wählen: Unerkannt ist unbekannt.

„Am Abend des dritten Tages komme ich zurück. Bis dahin habt ihr fünf Pfund Gold zu produzieren!“ befiehlt er, verwandelt sich in eine Schwalbe, und die Schwalbe schießt davon.

Krabat zieht Markus auf den Hof; man weiß nicht, wo überall im Haus der Müller seine Spionenohren eingebaut hat. Mitten auf dem Hof sind sie sicher.

„Zuerst“, sagt Krabat, „müssen wir uns zwei Schnüre verschaffen, die denen hier aufs Haar gleichen. Wir brauchen sie für den Fall, daß der Müller uns die seinen wieder abverlangt. Und zweitens muß ich sofort zu dem Bauern, bei dem ich das Schwein umgetauscht habe.“

„Besorge du das“, entgegnet Markus, „ich kümmere mich um die Mühle. Der Müller muß sein Gold bekommen, damit er nicht mißtrauisch wird.“

Er geht in die Mühle und treibt die zehn Gefährten an. Krabat verwandelt sich in einen Falken und fliegt zu dem Bauern. Vor dem Hof nimmt er wieder seine Gestalt an, fängt eine Ameise und verwandelt sie in ein fettes Schwein.

Der Bauer ist mit dem neuen Tausch sehr zufrieden.

Krabat fragte: „Kann deine Frau weben?“

„Sie kann weben“, antwortet der Bauer.

Krabat zeigt der Bauersfrau die Schnur. „Sieh sie dir genau an, zähle die Fäden, und prüfe ihre Stärke“, sagt er. „Wie schnell kannst du mir zwei Schnüre machen, die auch das beste Auge nicht von meiner Schnur unterscheiden kann?“

Die Frau nimmt die Schnur, betrachtet sie, prüft sie, zählt die Fäden. „In zwei Stunden kannst du zwei Schnüre haben, die kein Mensch von deiner unterscheiden kann.“

„In zwei Stunden hole ich sie mir", sagt Krabat und zieht mit dem in ein Schwein verwandelten Müllerburschen in den Wald. Sobald sie niemand mehr sehen kann, spricht Krabat: „Werde, was du warst."

Sofort steht ein kräftiger dunkelhaariger Bursche vor ihm. Der Bursche fällt auf die Knie. „Ich danke dir, guter Zauberer ...!"

„Unsinn!" sagt Krabat. „Ich bin kein Zauberer, sondern ein Mensch wie du. Du bist nicht gerettet, solange der Müller lebt. Und deine Gefährten sind noch in der gleichen Gefahr. Wir haben noch ein schweres Stück Arbeit vor uns."

Der Bursche zittert. „Wenn der Schwarze Müller noch lebt, wohin kann ich fliehen?"

„Fliehen nützt dir nichts", erklärt Krabat. „Du wirst jetzt zu dem Bauern gehen, wirst bei ihm arbeiten und bei der Frau weben lernen. Und du wirst tun, was ich dir aufgeben werde."

Der Bursche verspricht es Krabat in die Hand.

Zusammen kehren sie auf den Bauernhof zurück. Der Bauer nimmt den Burschen als Arbeiter auf.

Die Frau hat zwei Schnüre fertig gewebt, die auch das schärfste Auge nicht von Krabats Schulterschnur unterscheiden kann.

Krabat fliegt zurück. Gegenseitig heften sich er und Markus die echten Schnüre mit Harz auf die bloße Haut und setzen die falschen an die Stelle der echten.

„Wir befreien die Gefährten und laufen davon", schlägt Markus vor.

Und dann? Was wird dann?

Krabat schüttelt den Kopf. „Noch nicht, Bruder! Wir sind noch zu schwach gegen ihn. Der Müller wird uns einzeln aufspüren und einen nach dem anderen töten. Erst müssen wir wissen, was er weiß, und können, was er kann."

Markus murrt unzufrieden, er möchte gleich losschlagen.

Krabat führt ihn auf den Hof, dort, wo sie keines der Spionenohren des Müllers hören kann.

„Wir müssen alles bedenken, Bruder“, spricht Krabat. „Jedes Ding und jede Stunde und wie eines zum anderen gehört.“

„Wir suchen die Mütter der anderen“, meint Markus, „und der Müller muß ...“

„Selbst wenn wir sie fänden, hilft uns das wenig“, entgegnet Krabat. „Der Müller holt sich neue Knechte. Wir müssen seine schwarze Macht brechen.“

Sie setzen sich mitten auf dem Mühlenhof hin und tauschen ihre Gedanken aus. Gedanke zu Gedanke, geprüft, gewogen, verworfen, angenommen. Gedanke zu Gedanke wird ein Plan:

Markus' Mutter wird kommen und sie aus der Macht des Müllers erlösen. Markus wird den Müller ablenken, indem er Gold fordert; so wird Krabat Gelegenheit haben, eines der Zauberbücher an sich zu bringen.

„Aus diesem Buch werden wir lernen, bis wir es mit dem Müller aufnehmen können“, sagt Krabat.

„Ich bin nicht so wild aufs Lernen“, sagt Markus. „Und warum sollten wir uns zwei Köpfe heiß lernen, wenn der Müller auch nur einen Kopf hat? Du lernst, und ich passe auf, daß dir nichts passiert.“

Krabat lächelt. „Nun gut, Bruder Leibwächter. Laß uns an die Arbeit gehen!“

— VII —

Markus begibt sich in den Mahlraum. Krabat dringt in die Kammer des Müllers ein, legt die Hand auf die Truhe und verlangt von ihr das wichtigste Buch. Die Truhe sträubt sich, sie knarrt und ächzt, aber Krabat läßt seine Hand auf ihr liegen, und die Truhe muß seinem Befehl gehorchen.

Sie gibt das wichtigste der Bücher heraus. Es ist das Buch der Macht.

Krabat setzt sich an den dunklen Eichentisch und studiert es.

Zwölf ist das Prinzip.
Zwölf und eins ist eins zuviel.
Eins zuviel macht Gehorsam und ein Tier.
Eins zuviel ist das Prinzip.

Krabat sitzt und denkt und denkt. Langsam und mühselig dringt er in den Sinn der Worte und der Sätze ein. Langsam und widerwillig entschleiert sich ihm das Geheimnis der Macht. Der Tag vergeht, die Nacht und auch der neue Tag.

Krabat verläßt die Kammer so, wie er sie betreten hat. Plötzlich steht der Müller auf dem Hof, niemand hat ihn kommen sehen. Er mißt den Goldertrag der zwei Tage; er ist zufrieden.

Daß Markus die Burschen hat noch härter arbeiten lassen, als sie es sonst mußten, weiß der Müller nicht. Er weiß auch nicht, daß Markus zwei Hände voll Gold aus dem Sack genommen hat. Wortlos reißt der Müller Krabat und Markus die Schnüre von der Schulter und jagt zwölf Raben auf ihre Nachtstange. Markus will die Kraft der echten Schnur ausprobieren. Aber Krabat hindert ihn daran.

„Wer weiß, der kann", sagt er. „Was wissen wir, Markus?"

Schulter an Schulter warten sie, daß es Tag wird.

An diesem Tag muß Markus' Mutter kommen, die auch Krabat zum Sohn genommen hat.

Gegen Mittag ruft es vor der Mühle: „He, Müller, leg die Brücke aus!"

Der Müller tritt an den Mühlbach. „Wer bist du?"

„Eine Mutter. Gib meinen Sohn frei!"

„Dein Sohn ist nicht bei mir", antwortet der Müller. „Verschwinde, Alte!"

„Gib meinen Sohn heraus", ruft die Frau. „Oder ich grabe dir den Mühlbach ab!"

Der Müller lacht, seinen Bach speist der Sumpf, und der Sumpf ist meilenweit und bäumetief. Niemand kann den Bach ableiten. Es ist, als wollte jemand ein Feuer ausbrennen.

Zum drittenmal fordert die Frau: „Gib meinen Sohn frei!"

„Der Teufel hat es dir eingegeben", grollt der Müller,

der keine Macht gegen eine Mutter hat, die vor seiner Mühle erscheint und dreimal ihren Sohn fordert.

Auf seinen Wink legt sich das Brett über das dunkle Wasser. Ohne Zögern betritt es die Frau. Der Müller verschwindet in der Mühle, scheucht die Burschen als Raben in ihre Kammer auf die Stange und führt die Frau in den finsteren Raum.

„Such dir deinen Sohn aus“, sagt er und lacht. „Wenn du ihn findest, kann er mit dir gehen. Wenn du ihn nicht findest, stirbt er noch in dieser Stunde. – Willst du es riskieren?“

Die Frau achtet nicht auf ihn. Sie betrachtet die zwölf Raben auf der Stange genau, elf kraulen sich mit dem Schnabel unter dem linken, einer krault sich unter dem rechten Flügel.

Auf diesen Raben zeigt die Frau.

„Das ist mein Sohn!“ sagt sie mit fester Stimme. „Gib ihn mir zurück!“

„Verfluchtes Weib!“ schreit der Müller.

Aber er kann nicht anders, er muß Markus aus seiner Macht entlassen.

„Und auch dieser ist mein Sohn! Gib ihn mir zurück!“ fordert die Mutter und zeigt auf den Raben, an dessen rechtem Fuß es matt schimmert.

Der Müller lacht, daß die Kammer dröhnt.

„Der? Der hat keine Mutter!“

„Er hat eine Mutter: mich“, erklärt die Frau unerschrokken. „Gib ihn heraus!“

„Du hast ihn erst zweimal gefordert, du kannst es dir noch überlegen!“ spricht der Müller, seine Stimme klingt drohend. „Wenn deine Behauptung nicht stimmt, verwandelt er sich nach deiner dritten Forderung in einen Wolf, und ich werde keinen Finger krümmen, um dich und Markus aus seinen Klauen zu retten!“

Die Mutter legt ihren rechten Arm um Markus und breitet den linken aus. „Gib mir meinen Sohn!“

„Du hast es gewollt!“ knurrt der Müller und berührt den Raben Krabat mit seinem Stöckchen.

Im Augenblick gewinnt Krabat seine Menschengestalt

zurück und tritt zu der Mutter, die ihn mit dem linken Arm umschließt.

Der Müller glotzt sprachlos.

Krabat umarmt die Frau. „Ich danke dir, Mutter." Dann wendet er sich an den Müller. „Meinen Lohn, Müller!"

In den Augen des Müllers glimmt Wut.

„Raus!" brüllt er. Schaum steht ihm vor dem Mund.

„Dann nehme ich mir meinen Lohn", sagt Krabat.

„Und ich auch", sagt Markus und will aus der Kammer.

Der Müller denkt an sein Gold, er rennt in die Mühle und stellt sich vor die vollen Säcke.

Blitzschnell springt Krabat in die Kammer des Müllers, reißt von den Büchern das an sich, das er unter der Joppe verbergen kann, und ruft auf dem Hof: „Lebt wohl, Brüder, wir sehen uns wieder!"

„Und zwar bald!" ruft Markus.

Während der Müller immer noch seine Goldsäcke bewacht, eilt die Mutter mit ihren beiden Söhnen durch den Sumpfwald, wo Irrlichter sie vergebens vom festen Pfad in den Sumpf zu locken versuchen. Als der zweite Morgen graut, erreichen sie die Heimat.

Mit dem Gold, das Markus aus der Mühle mitgenommen hat, kaufen sie das Haus unter der mächtigen Linde zurück und laden alle Nachbarn ein, die glückliche Heimkehr mit ihnen zu feiern.

— VIII —

Noch in derselben Nacht entdeckt der Müller, daß ihm ein Buch fehlt. Sofort denkt er an Krabat. Aber wie kann dieser Bursche an die Bücher gekommen sein? Daß ihm die Schnur Zugang zu ihnen verschafft, habe ich doch nicht verraten. Und außerdem hab ich sie ihm von der Schulter gerissen!

Der Müller öffnet das Schubfach, die beiden Schnüre liegen da. Er betrachtet die seinen. Er zählt die Fäden: Es stimmt.

Er macht die letzte Probe: Wenn man die echten Schnüre ins Feuer wirft – und wäre es ein ganzes Haus, das da brennt –, sofort erlöschen die Flammen. Der Müller hält die erste Schnur über eine brennende Kerze. Die Schnur verglimmt, die Kerze brennt ruhig weiter. Der Müller nimmt die zweite Schnur: Die Kerze brennt, von der Schnur bleibt ein Stängchen schwarzer Asche übrig.

Der Müller riecht an der Asche.

„Verfluchte Räuber!", schreit er. Die Asche riecht, wie ein echter Wollfaden riecht. „Betrüger!" schreit der Müller.

Aber dann beruhigt er sich wieder. Jetzt sieht sein Gesicht aus wie das eines bösartigen Wolfes, der über seinem Opfer steht.

„Wer mich betrügt, stirbt in der gleichen Stunde", spricht er. Seine Augen sind voll kalter Wut, sein Mund ist ein messerrückenbreiter Strich.

Zwölf Stunden sind vergangen, seit Krabat das Buch an sich genommen hat, aber was sind zwölf Stunden für einen, dem der Schwarze Müller den Tod bestellt?

Der Müller stößt einen Eulenschrei aus, so fürchterlich, daß der Sumpfwald und alles Getier darin erzittert. Alle Eulen brechen ihre nächtliche Jagd ab und sammeln sich auf dem Mühlenhof. Der Müller reißt zwölf von ihnen das rechte und zwölf anderen das linke Auge aus, bündelt die Augen in seiner Hand – wie man einen Schneeball knetet –, trägt ihnen auf, noch in dieser Stunde Krabat und Markus zu finden, und schleudert die Kugel der Eulenaugen in die Luft.

Er scheucht die Tiere weg, klopft dreimal mit seinem Stab auf die Erde, und der Mühlenhof verwandelt sich in eine Landkarte.

Grimmig fluchend wartet der Müller. Es ist noch keine Stunde vergangen, da senkt sich die Kugel der Eulenaugen aus großer Höhe auf den Hof nieder.

Der Müller wirft einen Blick auf seine Landkarte und weiß, in welcher Gegend sich die Gesuchten befinden. Er zertritt die Kugel der Eulenaugen – im Wald heult es auf – und gleichzeitig verschwindet die Landkarte.

Der Müller ruft eines der Tiere aus dem Schweinestall zu sich, berührt es mit seinem Stab, und vor ihm steht einer seiner ehemaligen Müllerburschen.

„Du wirst mein Vogt sein“, sagt der Müller. „Wirst die Burschen in der Mühle jagen, daß sie Blut und Wasser schwitzen. Du weißt, daß du zu sterben hattest?“

„Ja, Herr“, antwortet der Bursche.

„Du weißt, daß du ein Schwein bist?“

„Ich weiß es, Herr.“

„Ich habe dich erlöst. Danke es mir mit Treue und Strenge. Wenn ich zufrieden mit dir bin, bleibst du am Leben. Wie lange, das hängt von dir allein ab. Verstanden?“

„Ja, Herr, ich habe verstanden. Ich will mir mein Leben verdienen“, antwortet der Bursche und fällt auf die Knie.

Der Müller denkt nicht daran, ihm eine Schulterschnur zu geben, er gibt ihm eine Lederpeitsche.

„Benutze sie gut!“ befiehlt er, „und keiner verläßt seinen Platz!“

„Keiner!“ sagt der Bursche und schwingt die Peitsche.

Der Müller reißt die Peitsche an sich, schlägt dem Burschen mit der ganzen Kraft seiner Wut ins Gesicht und wirft ihm die Peitsche vor die Füße.

„So hast du zu schlagen“, sagt er. „Und so schlage ich dich zu Tode, wenn ...!“

„Ja, Herr!“ winselt der Bursche.

Der Müller achtet nicht auf ihn, er scheucht die zehn Raben von ihrer Nachtstange und jagt zehn Müllerburschen an die Arbeit. Auch der Vogt beginnt mit seiner Arbeit, seine Peitsche pfeift durch die Luft und striemt die Haut seiner Kameraden.

Der Müller verriegelt und vergittert jede Öffnung und macht sich als Mauersegler auf den Weg. Aus einem Dorf holt er Burschen und schickt sie in seine Mühle. Denn: Zwölf ist das Prinzip.

Am Morgen erreicht der Müller den Landstrich, in dem die Eulenaugen Krabat und Markus gefunden haben. Als Händler zieht er durch die Dörfer, fragt nach Korn und Vieh und sucht Krabat. Er malt sich seine Rache aus; das Grausamste und Gräßlichste, was einem Menschen angetan werden kann, denkt er sich aus. Je länger er suchen muß, um so füchterlicher soll seine Rache sein.

Er zieht von Dorf zu Dorf, von Gehöft zu Gehöft, fragt und fragt, und jeder Tag bringt ihn seinem Ziel näher.

— IX —

Krabat will bei dem Bauern am Rande des Sumpfwaldes den geretteten Gefährten holen. „Willst du mit uns gegen den Müller kämpfen?“ fragt er ihn.

„Ich bin ein friedfertiger Mensch“, antwortet der. „Ich tue niemandem etwas zuleide. Warum sollte jemand mir etwas tun? Wenn ich in Ruhe meine Arbeit machen kann, Fleisch und Brot auf dem Tisch habe, ein Dach über dem Kopf ..., und außerdem gefällt mir die Tochter des Bauern, ich gefalle ihr auch – also rundheraus: Ich möchte lieber heiraten und ruhig hier leben.“

Krabat warnt ihn, allein sei er schutzlos gegen den Müller. Doch der andere lacht. „Wenn er herkommt, renne ich ihm die Mistgabel in den Bauch und Schluß.“

Krabat kehrt allein zurück und beratschlagt mit Markus, was weiter geschehen soll. Sie einigen sich, daß zunächst die Gefährten, denen die unmittelbarste Gefahr droht, aus der Gewalt des Müllers befreit werden müssen. Sie beschließen, sich zwölf Schweine zu beschaffen, um sie heimlich gegen die verzauberten Gefährten im Stall des Müllers umzutauschen. Sie haben keine Zeit, die Mütter zu suchen.

„Zwölf Kampfgefährten“, sagt Markus.

„Vielleicht sechs“, entgegnet Krabat. Er denkt an den, der friedlich auf dem Bauernhof leben will.

Sie fangen zwölf Ameisen, verwandeln sie in Schweine und ziehen zur Mühle. Als sie den Sumpfwald betreten, fällt ihr Zauber zusammen und die Ameisen sind wieder Ameisen.

Sie versuchen es noch zweimal, einmal mit Mäusen und einmal mit Maulwürfen. Doch auch jetzt gibt der Sumpfwald den Tieren ihre ursprüngliche Gestalt zurück.

„Wir müssen Schweine kaufen", sagt Krabat.

„Wir haben kein Geld", sagt Markus. Es ist kein Stäubchen mehr von dem mitgenommenen Gold übrig.

Krabat weiß Rat.

„Paß auf", spricht er. „Ich werde mich in einen Ochsen verwandeln, und du wirst mich auf dem Viehmarkt in der Stadt verkaufen. Bloß, um Gottes willen, verkaufe nicht die Kopfkette mit! Das ist nämlich die Schnur. Verkauft ist verloren. Bewahre sie für mich."

Markus will etwas einwenden, ihm kommt Krabats Vorschlag nicht geheuer vor. Krabat läßt ihn nicht ausreden. „Verkaufe mich an einen echten, rechten Viehhändler, an einen solchen, der den Bauern bei jedem Kauf das Fell gleich doppelt über die Ohren zieht. Nimm mir die Kopfkette ab – und mach dir keine Sorgen! Vielleicht bin ich schneller wieder daheim als du."

Krabat geht hinaus, und keine Minute später brüllt auf dem Hof der fetteste Mastochse, den Markus je gesehen hat. Ein Berg von einem Ochsen.

Markus führt den Ochsen in die Stadt. Es ist Markttag. Auf dem Marktplatz quirlt es bunt durcheinander, Käufer und Verkäufer und auch solche, die nichts kaufen und nichts zu verkaufen haben und trotzdem bei jedem Handel etwas für sich herausschlagen.

Vor dem Rathaus sitzen Bäuerinnen vor ihren Körben, verkaufen Butter und Eier, Pilze und Honig, die Martinsgans und den Weihnachtsapfel. Im linken Rathausgäßchen halten die Korbflechter ihre Ware feil, im rechten verkauft man Fische – Forellen und Karpfen – und Vögel – Rebhühner und Fasanen.

Hinter dem Rathaus aber, auf dem weiten Platz rund um den Lindenbrunnen, wird das Vieh aufgetrieben: Ochsen, Kälber, Kühe, Schweine, Schafe, Ziegen; in einer Ecke quieken Ferkel und schreien Zickel und Lämmer, und ganz hinten, zwischen den hohen Kastanien, wiehern Pferde.

Kaum erscheint Markus hinter dem Rathaus, drängen sich die Viehhändler um ihn. Ein solches Tier hat noch keiner auf den Markt gebracht.

„Was kostet der Ochse, Freund?" ruft einer.

Ein zweiter: „Komm, wir trinken ein Glas auf den Kauf!"

Ein dritter: „Gib ihn niemandem, Freund – es sind alles Betrüger! Gib ihn mir. Ich mache einen ehrlichen Handel."

Zehn ehrliche Betrüger schreien den elften ehrlichen Betrüger nieder. Markus krault seinen Ochsen zwischen den Hörnern und erklärt ruhig, aber laut und deutlich: „Den Ochsen kriegt, wer am besten zahlt!"

Die Viehhändler schreien wieder los. Einer überbietet den anderen, sie stoßen sich die Ellbogen in die Rippen, schieben und zerren sich.

Schließlich drängt sich einer zu Markus durch: ein Mann, rund wie eine Tonne, mit kleinen, gierigen Schweinsaugen und einem großen, gefräßigen Mund. Er ist der König der Viehhändler, der größte aller Schufte, die je Bauern betrogen haben.

„Hier, nimm das Geld", sagt er zu Markus. „In meinem Leben habe ich noch nie soviel für einen Ochsen gezahlt."

Plötzlich brüllt er: „Nimm das Geld, und troll dich, bevor mir der Handel leid tut!"

Markus nimmt das Geld – es ist doppelt soviel, wie er erwartet hat. Er knüpft dem Ochsen die Kopfkette ab und macht sich sofort auf den Heimweg.

Auch der König der Viehhändler hat es eilig. Mit einigen seiner Kumpane zieht er aus der Stadt, um in einem Gasthaus an der Landstraße den Handel zu begießen.

Lärmend lassen sie sich in der Gaststube nieder, verlangen Schinken und kalten Braten, dazu Wein und Schnaps. Einer ruft der Wirtsmagd zu: „Wirf dem Wunderochsen ein Bündel Heu hin! Er soll leben, bis er stirbt!"

Der Ochse brummt mit menschlicher Stimme. „Bring mir lieber Braten!"

Die Magd fällt vor Schreck fast auf den Rücken, rennt in die Gaststube und stottert: „Der – der – der – Ochse will – Br – br – Braten haben!"

„Hö!" schreit ein Händler, „soll er auch Branntwein saufen dazu!"

Sie lachen und grölen und torkeln aus der Gaststube, um den Ochsen mit Branntwein zu tränken.

Sie öffnen die Stalltür. Eine Schwalbe fliegt zwitschernd hinaus.

Der Stall ist leer!

Wie ein Sack Mehl fällt der König der Viehhändler in den Stallmist und brüllt: „Betrug! Ich – ich, der klügste aller Viehhändler, bin betrogen worden!“

Er brüllt wie ein Ochse, der lebendig am Spieß gebraten werden soll.

Als Markus heimkommt, steht Krabat in der Hoftür und wartet auf ihn. „Es hat geklappt, Bruder“, sagt er. „Reicht das Geld?“

Das Geld reicht für den Kauf der Schweine, es reicht nicht für den Wagen, um mit den Schweinen zur Schwarzen Mühle zu fahren.

„Den Ochsenhandel“, meint Krabat, „können wir nicht wiederholen. Es wäre zu gefährlich. Aber wenn du dich in einen alten Bauern verkleidest, der ein Pferd auf den Markt bringt ...?“

Wieder will Markus abraten, aber Krabat beweist ihm, daß sie schnell handeln müssen, um die Gefährten zu befreien; und ob Ochse oder Pferd – eines ist nicht gefährlicher als das andere.

„Bloß die Kandare darfst du nicht mitverkaufen“, sagt er.

Und schon steht vor Markus ein feuriger Rapphengst, schmal in den Fesseln und breit in der Brust.

Ungeduldig scharrt der Hengst mit den Hufen.

Markus schwingt sich auf seinen Rücken, und im Galopp reiten sie zurück in die Stadt, wo der Markt noch in vollem Gange ist. Dort hat sich inzwischen die Kunde von dem Reinfall des Königs der Viehhändler wie ein Lauffeuer verbreitet, und heimkehrende Bauern haben die Geschichte mit in die Dörfer genommen.

Und von einem Bauern erfährt sie der Schwarze Müller.

Jetzt weiß der Müller, daß er Krabats Spur gefunden hat. Auf dem schnellsten Wege begibt er sich in die Stadt, um Näheres über den zu erfahren, der den Ochsen auf den Markt gebracht hat. Schon von weitem sieht er, daß sich eine große Menge von Pferdehändlern und Schaulustigen unter den hohen Kastanien am Rande des Marktplatzes versammelt hat. Der Müller drängt heran, sieht den Rapphengst – und ein Blick genügt: Er weiß, daß er Krabat vor sich hat.

Schnell verändert er sein Aussehen, gibt sich rotes Haar und einen roten Bart und steht vor Markus.

Eben bietet ein Händler dreitausend.

„Hier sind zehntausend", sagt der Rotbärtige zu Markus. „Und her mit dem Gaul!"

Markus faßt nach dem Geld, im gleichen Augenblick entreißt ihm der Müller die Kandare, schwingt sich auf den Rappen, jagt ihm die Sporen in die Weichen und prescht davon.

„Die Kandare!" schreit Markus.

Der Müller lacht höhnisch, an dem Lachen erkennt Markus ihren Feind und wird vor Entsetzen weiß wie eine Wand.

Aber er hat keine Zeit, entsetzt dazustehen, er weiß, daß es um Leben und Tod geht. Blitzschnell berührt er seine verborgene Schulterschnur, verwandelt sich in eine Amsel und fliegt dem Müller nach.

Der Müller stößt Krabat immer von neuem die scharfen Sporen in den Leib, schon blutet Krabat aus vielen kleinen Wunden.

„Wer mich betrügt, stirbt! Hast du das vergessen, du Lump?" preßt der Müller zwischen den Zähnen hervor. „Aber freu dich bloß nicht auf einen schnellen Tod, mein Lieber! Hundertmal sollst du um den Tod betteln! Tropfenweise sollst du verrecken!"

Der Müller galoppiert durch ein Dorf, am Dorfende liegt eine Schmiede. Dem Müller kommt ein Gedanke.

Er hält vor der Schmiede und ruft: „He, Schmied!"

Der Schmied erscheint in der Tür, sieht das schweißnasse, abgehetzte, blutig zerspornte Tier.

„Was gibt's?" fragt er unfreundlich.

„Hufeisen brauche ich", antwortet der Müller. „Vier Stück. Und rotglühend schlägst du sie ihm an!"

Eine Amsel landet auf einem Haufen alten Eisens, der

hinter der Schmiede liegt. Gleich darauf macht sich ein Schmiedelehrling an der Hausecke zu schaffen und beobachtet die beiden Männer.

„Rotglühend?“ Der Schmied schüttelt den Kopf. „Ich bin doch kein Tierquäler wie du!“

Er dreht sich um, geht in die Schmiede an seine Arbeit.

„Hundert zahle ich“, sagt der Müller.

Drinnen schlägt der Schmied auf den Amboß und hört nicht zu.

Der Müller schlingt die Kandare des Rapphengstes in einen der Ringe an der Schmiedemauer und tritt in die Schmiede.

„Ich zahle fünfhundert“, sagt der Müller.

Fünfhundert ist viel Geld, der Schmied hat ein Nest voll Kinder. Das Hämmern wird langsamer und leiser.

„He, Junge“, flüstert Krabat, „reiß mir die Kandare vom Kopf! Aber fix!“

„Ich bin's – Markus“, antwortet Markus und streift Krabat die Kandare vom Kopf. „Achtung! Er kommt!“

Markus springt zurück hinter die Hausecke, Krabat steigt als Lerche hoch in den Himmel, in der Tür zur Schmiede steht der Müller, stößt einen gräßlichen Fluch aus, verwandelt sich in einen Habicht und verfolgt die Lerche. Markus stürzt als Adler hinter dem Habicht her.

Schon hat der Habicht eine größere Höhe als die Lerche erreicht, im Sturzflug stößt er nach ihr, da fällt die Lerche als Stein herab, fällt in einen tiefen klaren Brunnen und wird ein kleiner Silberfisch.

Klares Wasser spiegelt das Gesicht des Müllers als Wolfsfratze wider. Darum beugt sich der Müller niemals über klares Wasser, niemand soll sein Wolfsgesicht sehen.

Er scharrt Dreck zusammen, um ihn in den Brunnen zu werfen. Im trüben Wasser kann er fischen.

Als Mädchen verkleidet kommt Markus zum Brunnen.

„He, Fremder! Verschmutze nicht unseren Brunnen!“ ruft das Mädchen.

Der Müller hat Augen nur für Krabat, er erkennt Markus nicht. „Der Brunnen ist vergiftet“, entgegnet er. „Ich bin beauftragt, ihn zuzuschütten.“

Das Mädchen lacht ihn aus, läßt den Schöpfeimer tief hinunter, das Silberfischlein schwimmt in den Eimer. Das Mädchen windet den Eimer hoch, der Müller will den Eimer umstoßen, das Mächen steckt die Hand ins Wasser, das Fischlein verwandelt sich in einen goldenen Ring am Finger des Mädchens.

„Ein schöner Ring!" spricht der Müller schmeichelnd. „Willst du ihn nicht mir verkaufen?"

„Das würde dir so passen", entgegnet Markus, das Mädchen, und verschwindet im Haus.

Der Müller geht auf und ab vor dem Haus und wartet. Er wird den Ring bekommen, und sei es mit Gewalt. An der Wand lehnt eine Axt.

„Ich schlage ihr die Hand ab", murmelt er, ergreift die Axt und stellt sich hinter den Pfosten der Hauslaube.

Das Mädchen erscheint mit einer Schüssel Hühnerfutter. Die Hühner flattern heran, das Mädchen streckt die Hand aus, der Müller hebt die Axt zum Schlag – da springt der Ring vom Finger des Mädchens und wird ein Weizenkorn unter tausend Weizenkörnern auf dem Hof.

Im Nu verwandelt sich der Müller in einen Hahn und beginnt gierig zu picken. Im Nu verwandelt sich Krabat in einen Fuchs und Markus in einen Falken.

Der Fuchs fährt auf den Hahn los, der Falke stößt herab – aber der Müller hat die Gefahr schon erkannt, pfeilschnell schießt er als Mauersegler davon.

Krabat und Markus verfolgen ihn nicht. Es ist ein großer Sieg für sie, daß der Müller fliehen mußte.

Markus sagt: „Den sind wir los!"

Krabat schüttelt den Kopf. „Bisher waren wir unbotmäßige Knechte für ihn, jetzt hat er uns als seine Feinde erkannt." Markus lacht. „Du hättest ihn sehen sollen, wie er um den Brunnen herumstrich!"

Das Große Abenteuer – Markus erzählt es für Krabat und sich, und je länger Markus erzählt, um so ungefährlicher wird der Feind.

Markus hat recht: Zum erstenmal in seinem bösen Leben hat der Müller fliehen müssen. Aber er ist nicht vor Krabat geflohen, geschweige denn vor Markus.

Er ist geflohen vor Krabat *und* Markus.

Und deswegen ist die Rechnung des Müllers einfach: Da zwei ihn gemeinsam jagen, muß er sie einzeln jagen: Sie trennen. Markus töten. Krabat finden und überwältigen. Dann soll Krabat alle Tode sterben, die je ein Mensch gestorben ist.

Der Müller holt sich zwölf weitere Burschen in die Mühle, er nimmt ihnen ihr Gewissen und wirft es in den Mühlbach. Sie sollen, wenn alles getan ist, durchs Land ziehen und verkünden, wie der Schwarze Müller bestrafte den Burschen Krabat, der sein Gehilfe hatte werden dürfen, sich statt dessen aber gegen die Schwarze Mühle und ihr Gesetz erhob.

Zweiter Teil

— I —

Der Schwarze Müller trägt an jedem der drei mittleren Finger seiner rechten Hand einen Ring.

Der Zeigefingerring besteht aus zwölfmal geglühtem und gehämmertem Gift, dem nichts, was lebt – sei es Fleisch und Blut oder Gedanke und Wunsch –, widerstehen kann.

Die Zeit ist Gesternheutemorgen, ohne Komma und ohne Zwischenraum, die Zeit rennt nicht und steht nicht still, sie geht einfach voran, immer in der gleichen Richtung. Der Müller hat die Zeit geschmiedet, bis sie ein Ring ist. Heutemorgengesternheute – ein Ring an seiner Hand. Am Mittelfinger trägt der Müller die Zeit.

Den Ring am Ringfinger bildet ein harter schwarzer Glanz, der um den Finger fließt, unablässig sich verändernd, ein Glanz, der aus sich selber lebt, der nichts widerspiegelt, nicht einmal die Sonne.

Krabat und Markus haben drei Gefährten aus der Mühle befreit. Sie haben ihre Mütter gefunden und in die Mühle geschickt. Aber keiner der drei lebt mehr. Der Müller hat sie aufgespürt und getötet. Auch den Burschen, der auf dem Bauernhof ruhig und friedlich leben wollte, hat er getötet. Was ist schon eine Mistgabel gegen einen, der Menschen zu Tieren machen kann?

Des Müllers Macht ist größer denn je.

Aber immer noch nicht ist es dem Müller gelungen, Krabat und Markus zu trennen und an ihnen Rache zu nehmen. Und er spürt, daß sie ihm von Tag zu Tag gefährlicher werden. Der Müller zieht den ersten Ring von seiner Hand und legt ihn um die Mühle.

Im Sumpfwald heult der Sturm. Der Regen peitscht waagerecht durch die Luft. Der Sturm zerschmettert dürre Äste am Boden und entwurzelt Bäume, die krachend stürzen. Es ist, als tobten im Wald tausend Teufel.

Durch die wütende Finsternis tasten sich Krabat und Markus. Je näher sie der Mühle kommen, um so undurchdringlicher wird der Sumpf. Kein Zauberspruch hilft gegen die Hindernisse, die ihnen der Schwarze Müller in den Weg legt.

Nach drei Tagen erreichen sie den Mühlbach. Sie suchen die Stelle, wo der Bach aus der Erde tritt, und die, wo er in der Erde verschwindet. Der Bach hat keinen Anfang und kein Ende mehr. Wie ein Ring schließt er die Mühle ein.

Eine Ratte huscht vorbei. Krabat fängt sie, hält sie fest und taucht sie kopfwärts ins Wasser des Bachs. Es dauert solange wie ein Lidzucken, dann hält Krabat einen Rattenschwanz in der Hand, die Ratte selbst hat der Mühlbach gefressen.

Markus reißt eine junge Fichte aus dem aufgeweichten Waldboden und taucht sie in das Wasser. Es dauert nicht länger als bei der Ratte. Der Schwarze Bach frißt alles, was lebt.

Krabat weiß, daß ihn der Reif an seiner Hand vor dem Zauber des Müllers schützt. Ihm kann das Schwarze Wasser nichts anhaben. Er könnte hinüber, aber was nützte das?

Außer ihm gelangt niemand lebend über den Bach, nicht in die Mühle, nicht aus der Mühle.

„Wir müßten uns in Vögel verwandeln“, flüstert Markus. „In Eulen, damit wir nicht blind sind.“

Krabat schüttelt den Kopf. Er hat aus dem Buch des Schwarzen Müllers alles gelernt, was es lehren konnte, das Wissen und auch das Abrakadabra der Zauberei. Wer weiß, der kann – das Abrakadabra ist ein Brimborium, machtlos gegen den, der weiß.

„Wir müssen die Schwarze Mühle zerstören“, sagt Krabat. „Und den Müller töten.“

„Willst du die Mauern einrennen, die Mühlsteine zerschlagen, das Mühlrad aus seinem Lager reißen?“ fragt Markus verzweifelt. „Wir sind machtlos, Krabat!“

„Ich weiß nicht, wie“, entgegnet Krabat. „Vielleicht kann ich den Müller töten. – Ich gehe hinüber.“

„Allein?“ fragt Markus. „Ich laß dich nicht allein gehen!“

„Wenn ich nicht wiederkomme bis Sonnenaufgang“, antwortet Krabat, „dann mußt du fliehen, so schnell du kannst. Im Wurzelwerk der Linde vor dem Haus deiner Mutter liegt das Buch verborgen, das ich dem Müller genommen habe. Hole es hervor, und lerne daraus, lern es aus bis auf den letzten Buchstaben. Dann nimm du den Kampf auf.“ Er reicht Markus die Hand. „Leb wohl, Bruder!“

Stumm drückt Markus die Hand, es ist sein Schwur, und stumm sieht er zu, wie Krabat durch den Bach watet.

Das Schwarze Wasser kocht und schäumt, es brodelt und dampft. Markus sieht Krabat nicht mehr, schon will er aufschreien, aber da legt sich der dampfende Nebel, und drüben auf dem Mühlufer steht Krabat und winkt beruhigend.

Markus kauert sich unter die breiten Äste einer riesigen Fichte. Gespannt starrt er zur Mühle hinüber. Vielleicht, denkt er, wird sie gleich donnernd zerbersten, Krabat jagt sie in die Luft und bringt den Müller geknebelt und gefesselt an.

Doch der Bach hat getobt und geschäumt und hat den Schwarzen Müller gewarnt. Der Müller sieht Krabat auf dem Mühlenhof stehen und läßt ein weißglühendes Feuer vor ihm aufspringen.

Krabat schreitet auf das Feuer zu, und das Feuer versackt in der Dunkelheit. Der Müller schleudert eine Feuerwand gegen Krabat.

Krabat durchschreitet sie und streckt die Hand aus nach dem hölzernen Hebel, der den Steg über den Mühlbach legt.

Der Müller springt aus dem Haus, in der Faust seinen Zauberstab, der zum Degen geworden ist. Blitzschnell reißt Krabat den Hebel von der Wand. Der Müller lacht höhnisch.

Er lacht zu früh. Krabat pariert jeden Degenstoß, sein Auge ist schnell, seine Hand ist sicher, dreimal durchbricht er die Parade des Müllers, und der hölzerne Hebelarm fährt dem Müller ins Gesicht. Der Müller blutet an der Stirn, sein rechtes Auge beginnt sich zu schließen.

Doch da gelingt es dem Müller, Krabat an der linken Schulter zu treffen. Schon glaubt der Müller gewonnen zu haben, schneller und kräftiger wirbelt sein Degen, blitzartig stößt er vor, und immer zielt seine Degenspitze auf Krabats Augen. Der Müller will Krabat blenden, um ihn lebend in die Hand zu bekommen.

„Zehntausend treibe ich auf dem Marktplatz zusammen“, knirscht er, „damit sie zusehen, wie einer endet, der es mit mir hat aufnehmen wollen!“

Krabat bleibt stumm. Mit mächtigen Sätzen springt er zurück und wieder vor, er spürt, wie ihm das Blut aus der Schulterwunde rinnt, schon beginnt er zu spüren, wie ihn der Blutverlust schwächt.

Wieder gelingt es ihm, den Müller im Gesicht zu treffen. Der Müller zuckt zurück, blitzschnell schlägt Krabat mit aller Wucht zu, trifft die Degenhand, der Müller läßt den Degen fallen, Krabat reißt die Waffe an sich, will zustoßen, mitten in das Herz des Feindes – da reißt der Müller seinen zweiten Ring vom Finger und läßt ihn über sich fallen wie einen Reifen: den Ring Heutemorgengesternheute.

Im rasenden Wirbel dreht sich die Zeit und speit den Schwarzen Müller in ein hohes düsteres Burggemach.

— II —

Nackt und steil ragt der Burgfelsen über dem Strom. Der Strom ist breit, die Wasser reißend und voll tückischer Wirbel, das jenseitige Ufer säumen undurchdringliche Sumpfwälder.

Besser als der mächtigste Wall schützt der Strom die graue Burg auf dem Felsen.

Wer Sumpf und Strom und die nackten, steilen Felswände überwindet, dem stellen sich hohe, aus riesigen Quadern gefügte Mauern in den Weg. Und hinter den Mauern

Soldaten mit Schwert und Spieß. Uneinnehmbar ist die Burg.

„Uneinnehmbar?“ schreit der Markgraf. „Sie haben mein bestes Heer geschlagen!“

Der Burgvogt schüttelt den Kopf. „Ein Heer in die Sümpfe zu locken, ist eine Sache. Eine andere, eine solche Burg zu stürmen.“

Der Markgraf fragt: „Wie heißt ihr Anführer?“

„Sie haben viele, Herr. Aber der gefährlichste unter ihnen heißt Krabat.“

Der Markgraf zuckt zurück.

„Kümmere dich um die Verteidigung“, befiehlt er. Der Burgvogt nimmt den Befehl entgegen und geht. Der Markgraf tritt an eines der kleinen Fenster und blickt hinüber über den Strom. Irgendwo dort sammelt sich der Feind.

Krabat also, denkt er, und sein Gesicht wird böse und grausam, fast ein Wolfsgesicht. Er hat mein Heer geschlagen, er wird auch den Strom überwinden. Die Burg ist nicht uneinnehmbar. Nicht für ihn.

Der Markgraf steigt eine enge steinerne Treppe hinab, die in den innersten, sichersten Raum der Burg führt. Sorgfältig schließt er die eisenbeschlagene eichene Tür hinter sich ab.

Der Raum ist leer bis auf einen groben, kunstlos zusammengefügten Tisch und eine eiserne Truhe. Die Schlüssel zur Truhe trägt der Markgraf unter dem Panzerhemd auf der Brust, sieben Schlüssel, und sieben Schlösser hat die Truhe. Ein Schloß nach dem anderen öffnet der Markgraf und entnimmt der Truhe jedesmal ein Buch, sechs Bücher; ein Schlüssel schließt und öffnet kein Geheimnis.

Der Markgraf setzt sich an den Tisch. In einem der Bücher steht des Rezept gegen Krabat: wie man den Feind schlagen, die graue Burg über dem Strom retten, die eroberten und wieder verlorenen Grafschaften von neuem und für immer gewinnen kann.

Der Markgraf findet das Rezept in dem Buch, das mit diesem Satz beginnt: „Was Irrlichter versprechen, hält der Sumpf nicht.“

Tief in der Nacht steigt der Markgraf wieder hoch in die Wohngemächer der Burg, seine Augen glühen, erschrokken fährt ein Wachsoldat zurück.

„Als ob ein wildes Tier auf dich zukäme", erzählt der Soldat später in der Wachstube. Und flüsternd berichtet ein anderer, daß der Markgraf niemals sein Gesicht über sauberes Wasser beuge.

Sie bekreuzigen sich und schweigen, es ist gefährlich, über den Markgrafen zu reden. Er hat viele Ohren, und so leicht wie jemand sagt: „Es regnet", so leicht sagt er: „Hängt ihn!" oder: „Der Mann hat ohne Kopf weiterzuleben!"

Niemand hat die gezählt, denen er den Kopf hat abschlagen lassen, niemand die auf seinen Befehl Gehängten. Aber hundert Berge und Hügel gibt es jenseits des Stromes, die das Volk nach dem Zeichen seiner Herrschaft nennt: Galgenberg. Niemand weiß von einem zu berichten, der so grausam wäre wie der Markgraf. Er selbst nennt sich Feuer und Schwert.

Die zu Fürsten gewählten Ersten des Volkes sitzen zusammen.

„Wir müssen die Burg stürmen und ihn töten", fordert der junge Fürst Krabat. „Zu viele von uns hat er getötet."

Die Versammelten schweigen. Keiner unter ihnen, der nicht sagen könnte: meinen Bruder, meinen Vater, meinen Sohn.

„Tausende werden fallen", spricht der alte Fürst Lubomir.

Krabat wendet sich an ihn. „Wenn jetzt die Tausende nicht fallen, werden später zehnmal zehntausend sterben, erstochen, erschlagen, gehängt, gevierteilt, verbrannt, zu Tode geschunden.

Unseren Kindern werden die Zungen herausgerissen, und unser Land wird sumpfig sein von unserem Blut."

„Du sollst Shelibor heißen, Krabat: ‚der nach Kampf Dürstende'." Fürst Lubomir seufzt. „Also gut, wir werden kämpfen."

„Kämpfen, tapfer kämpfen genügt nicht mehr, Fürst“, entgegnet Krabat. „Wir müssen nach *einem* Plan kämpfen und unter *einem* Befehl. Oder der Markgraf wird uns einen nach dem anderen vernichten. Wir sind dreißig, wir brauchen *einen* Herrn, wenn nicht er unser Herr sein soll.“

Die Fürsten zögern. Sie sind freie Herren, niemandem untertan. Die Soldaten des Markgrafen sind über den Strom zurückgedrängt.

„Sind wir nicht alle gleich? Wozu soll einer König sein über die anderen?“ spricht schließlich einer aus, was viele denken.

Ringsum murmelt es Zustimmung.

Krabat erhebt sich. „Wir nennen uns Fürsten – Führer des Volkes. Wir sind niemandem untertan. Wir müssen untertan sein der Freiheit für alle – oder die Knechtschaft wird über uns alle kommen. Wir haben keine Wahl, Brüder!“

„Niemand hindert dich“, entgegnet einer der jüngsten Fürsten spöttisch, „ein Bauer zu sein. Und wenn dir dein Fürstentum lästig ist, ich nehme dir gern die Bürde ab.“

Zwei oder drei lachen.

Für die anderen spricht Lubomir. „Unklug redest du, und unklug redet Krabat. – Mag jetzt jeder seine Waffenfähigen sammeln, dann wollen wir weiter reden. Natürlich müssen wir einen Kriegsherzog haben. Aber das hat Zeit, bis jeder seine Männer zusammen hat.“

Die Fürsten klopfen an ihre Schilde. Wieder einmal hat der weise Lubomir einen Streit geschlichtet, bevor er richtig ausbrechen konnte.

Nur Krabat sitzt regungslos. Als das Honigbier gebracht wird, trinkt er gerade soviel, wie es die Höflichkeit gegenüber dem Gastgeber Lubomir erfordert.

Er denkt nach.

Er denkt: Sie werden Lubomir zum Kriegsherzog machen. Er ist tapfer – und es besteht keine Gefahr, daß er einen von uns in seiner Freiheit beschneidet.

Und der Markgraf wird uns abschlachten wie eine Schafherde.

Die Krüge mit Honigbier kreisen. Immer düsterer wird Krabats Gesicht.

Die Wache erscheint. „Ein Bote des Markgrafen, Herr!"

„Was will er?" fragt Lubomir.

„Er bringt eine Botschaft seines Herrn an dich, Herr."

„Er mag kommen!"

Lubomir steht auf, und die Fürsten stellen sich an seine Seite. In die Tür tritt der Burgvogt. Er zieht sein Schwert aus der Scheide und übergibt es einem der Wachsoldaten.

Drei Schritt vor Lubomir neigt der gepanzerte Bote kaum merklich den Kopf zum Gruß.

Die Fürsten erwidern den Gruß auf gleiche Weise.

„Mein Herr, der Markgraf des Kaisers", spricht der Burgvogt, „ist des Blutvergießens leid. Eurer Tapferkeit entbietet er seine Achtung. Es ist ehrenvoll, tapfere Feinde zu haben. Tapfere Freunde zu haben ist das Höchste für einen Tapferen.

Mein Herr, der Markgraf des Kaisers, bietet euch an, den Krieg zu begraben, Frieden zu schließen. Er lädt euch ein in seine Burg. Die Tore werden euch offenstehen, die Schwerter in der Waffenkammer ruhen, das Festmahl der Freundschaft bereit sein.

Welche Antwort soll ich meinem Herrn, dem Markgrafen des Kaisers, von euch, ihr Herren, überbringen?"

Wir werden ihm die Antwort mit unseren Schwertern überbringen, will Krabat schreien.

Lubomir entgegnet. „Sage deinem Herrn, daß es gut ist, den Krieg zu beenden und Frieden zu schließen. Das Höchste für einen Tapferen ist, sein Schwert nicht ziehen zu müssen, um zu töten. Sage deinem Herrn, daß wir für die Einladung danken. Wir werden ihm Botschaft senden."

Der Burgvogt scheint nicht zufrieden.

„Der zehnte Tag nach dem heutigen ist der Namenstag des Kaisers. Ein würdiger Tag, Frieden und Freundschaft zu schließen."

Lubomir wiederholt ruhig: „Wir werden Botschaft schikken."

Der Burgvogt muß sich zufriedengeben. Einen Augenblick wartet er noch, vielleicht auf einen Trunk in der Runde der Fürsten, vielleicht auf ein Wort, das er als Zustimmung mitnehmen könnte.

Krabat tritt aus der Gruppe der Fürsten, nimmt der Wache das Schwert des Burgvogtes ab und hält es seinem Besitzer hin.

Der Burgvogt grüßt stumm, die Wachen geleiten ihn hinaus.

Lubomir tritt auf Krabat zu. „Tausende müssen nicht sterben, junger Bruder!“ spricht er bewegt. „Endlich wird wieder Friede sein.“

„Der Markgraf ist ein Fuchs!“ sagt warnend einer.

Krabat schüttelt den Kopf. „Er ist ein Wolf. Ein Wolf gibt Frieden, wenn er erschlagen ist.“

Niemand hört auf ihn. Die Fürsten sehen den Frieden, den der Markgraf anbietet. Welcher Wolf bietet Frieden an?

Also ist der Markgraf nur ein Fuchs, und wenn hier jemand jemandem das Fell über die Ohren zieht – uns zieht kein Fuchs das Fell über die Ohren. Uns nicht!

Der alte Fürst Lubomir denkt an die Tausende, die nun nicht vor der grauen Burg über steilem Fels fallen werden.

Draußen auf dem Burgwall steht Krabat, den Lubomir Shelibor genannt hat: „den nach Kampf Dürstenden“. Krabat dürstet nicht nach dem Kampf, er weiß nur, daß erst ein toter Wolf kein Wolf mehr ist.

Er steht auf dem Burgwall und sieht, was sein wird: Der Heerwurm des Markgrafen kriecht durch das Land, Galgenbäume säumen seine Straßen, Totenvögel haben gute Zeit.

— III —

Im Vorwerk am Fuße des Felsens bleibt das Gefolge zurück, von waffenlosen Leuten des Markgrafen mit einem Umtrunk empfangen. Dreißig Fürsten reiten hoch zu der grauen Burg. Waffenlos die Ehrenwachen entlang des steilen Burgweges.

„Ist es nicht besser“, sagt Fürst Lubomir leise zu Krabat, der an seiner Seite reitet, „wir reiten so hinauf? Besser, als daß …?“

Krabat entgegnet: „Wie wir hinunterreiten, darauf kommt es an.“

Der alte Fürst lächelt. „Mein junger Shelibor …“ Er kann nicht zu Ende sprechen, Fanfarenstöße von den Mauerzinnen verkünden den Einzug der Gäste. Lubomir strafft sich und reitet durch das weit offene Burgtor.

Ohne Waffen die Torwachen, ohne Waffen die Soldaten auf den Mauern, ringsum neugierige Gesichter, vielleicht auch unfreundliche, aber nirgends ein Feindgesicht. Quer über den grobgepflasterten Burgplatz schreitet der Markgraf mit seinem Gefolge, die Gäste zu empfangen.

Die dreißig Fürsten steigen von den Pferden, dreißig Knappen führen die Pferde hinweg.

„Edle Herren“, spricht der Markgraf, „dieses ist der Tag, den die Sonne gern bescheint.“

Neues Fanfarengeschmetter.

„Hört die Fanfaren, seht die bunten Fahnen“, spricht der Markgraf weiter. „Die Freude, euch hier zu empfangen, ist hell und lauter. Diesen Tag werden Geschlechter nach uns feiern als den Tag des Friedens.“

Der Markgraf nimmt das Schwert von seiner Seite und sticht es zwischen die Pflastersteine in den Boden. Mann für Mann seines Gefolges zieht das Schwert und sticht es in den Boden.

„Heute endet der Krieg, das Schwertgehänge ist leer“, ruft der Markgraf. „Willkommen, edle Fürsten!“

Es ist wahr, es ist ein schöner Tag. Die Sonne scheint in den Burghof, bescheint den Fürsten Lubomir, der sein Schwert aus dem Gehänge zieht, ein schweres Schwert, fast zu schwer für diesen alten Mann, aber der Markgraf weiß es, und die anderen, die zuschauen, wissen es: Es ist kein Jahr her, daß Fürst Lubomir mit diesem Schwert einen Ritter des Markgrafen spaltete, vom Kopf bis durch den Pferdeleib.

Vielleicht hätten später einmal Sänger von diesem Schwert gesungen, vielleicht. Aber nun hat es Fürst Lubomir in den Hof der grauen Burg zwischen die Steine gestoßen, das Schwert zittert von der Kraft der alten Hand, es wird keine Sänger geben, weil die Sonne dreißig waffenlose Fürsten in die festlich geschmückte Burghalle einziehen sieht.

Daß einer der Fürsten am rechten Arm einen Reif trägt, der ihn unverwundbar macht vor allen Schwertern – außer vor dem des Markgrafen –, das sieht die Sonne nicht. Sie sieht im Augenblick, daß im Vorwerk am Fuße des Felsens das waffenlose Gefolge der dreißig Fürsten niedergemacht wird, lautlos, wie es scheint, denn die Fanfarenbläser auf den Zinnen der Burg blasen aus vollen Lungen. Der Prunksaal ist festlich geschmückt, aber leer. Kein Gastmahl erwartet die Gäste. Der Markgraf führt seine Gäste in einen zweiten Saal, schwarz ausgeschlagen die Wände.

„Zu Ehren des Tages“, sagt der Markgraf zu Lubomir. Dann hebt er die Stimme ein wenig. „Ich will Frieden machen zwischen uns und euch für alle Zeiten“, spricht er, nicht laut, auch nicht feierlich, er muß lachen dabei.

Er lacht, weil aus dem schwarzen Tuch rings um den Saal plötzlich blanke Schwerter treten, Schwerter mit Rittern, versteht sich, und bevor Fürst Lubomir „Räche uns, Shelibor!“ schreien kann oder nur: „Verrat!“, ist er ein stummer, zweigeteilter Mann, der Kopf da und der Rumpf hier.

Der Markgraf lacht nicht mehr, aber er lächelt noch, als einer der Waffenlosen einem der schwarzgewappneten Ritter das Schwert aus der Faust reißt. Das Schwert fährt dem Schwarzen zwischen die Rippen und zählt – blitzend im Kreis geschwungen – zu den neunundzwanzig Erschlagenen neue Tote hinzu.

Der Markgraf lächelt nicht mehr, als er die Ritterschwerter stumpf werden sieht an diesem Mann, und sein Schwert steckt im Hof zwischen den Pflastersteinen; er heult wie ein Wolf, als Krabat die Tür aufstößt, den Festsaal mit Toten schmückt, die Stufen mit Toten besetzt, den Burghof mit Toten pflastert.

Krabat gewinnt das Tor, blutig aus fremden Wunden, und die er noch verwundet auf seinem Weg zum Stromufer sterben. Er schwimmt über den Strom, Pfeile stechen das

Wasser. Der Markgraf schreit nach einer Armbrust, legt sein Schwert darauf und schießt ab, ohne zu zielen. Das Geschoß trifft den Schwimmer in der Hüfte und färbt das Wasser. Krabat erreicht das Ufer, reißt das Schwert des Markgrafen aus seinem Fleisch und preßt die Wunde zusammen.

Sein Blut im Ufersand, Tropfen.

Das Land wird sumpfig sein von unserem Blut.

Ein Bauer, der ihn aufnimmt, fragt: „Wer bist du?"

„Shelibor", antwortet Krabat.

Die graue Burg über dem Strom ist schwarz.

— IV —

Bei Sonnenaufgang ist Markus aus dem Schwarzen Wald geflohen, so schnell er fliehen konnte.

Er gelangt nach Hause, die Mutter lebt, die Linde steht. Markus kann nicht glauben, daß es dem Schwarzen Müller gelungen ist, Krabat zu töten. Auch die Mutter weigert sich, das weiße Trauertuch aus der Lade zu nehmen.

„Mein Herz würde aufhören zu schlagen, wenn Krabat nicht mehr lebte", sagt sie. „Mein Herz schlägt aber."

Markus wartet auf Krabats Heimkehr und fürchtet, daß der Müller kommen könnte. Er gräbt das Buch aus dem Wurzelwerk der Linde. Das Buch lehrt wissen und zaubern.

Markus lernt das Wissen. Es ist schwierig zu lernen, und was nützt es zu wissen, daß die Sonne alles Lebende auf der Erde leben macht, wenn man Tag für Tag auf den Müller und den Tod gefaßt sein muß?

Das Zaubern ist schnell gelernt, Abrakadabra, und es ist ein Kinderspiel, wenn man die Schulterschnur des Müllers hat. Wenn der Müller kommt, meint Markus, spielen wir das Spiel – zauberst du – zaubre ich. Markus lernt das Zaubern.

Er geht zum Nachbarn, der eben geschlachtet hat und gern ein paar Knochen zum Abnagen abgibt.

Der Müller hat aus Knochen fingerlange Schweinchen gezaubert, Markus zaubert sich ein Dutzend Ferkel in den Stall. Er treibt sie auf die Weide, legt sich ins Gras und studiert sein Buch. Manchmal vergnügt er sich. Er läßt die Ferkel zweifüßig marschieren, rechtsum, linksum, Parademarsch.

Er schnitzt sich eine Weidenpfeife und spielt, die Ferkel tanzen zu seiner Musik, ein rosiges Schweinchen-Ballett.

Auf der Landstraße nähern sich Kutschen, die eine ist goldbeschlagen. Die Kutschen halten an, aus der goldbeschlagenen lacht dröhnend der König. Das Ballett gefällt ihm. Den Ballettmeister könnte er gut gebrauchen. Ein Königsleben ist langweilig, jeden Spaß muß sich der König allein ausdenken. Und ist man etwa ein König, damit man dauernd denken muß, wenn man sich nicht langweilen will?

Der König winkt seinen Jägern. Nehmt den Burschen mit!

Die Jäger fassen Markus. Der Hofminister erklärt ihm, er solle Clown oder Oberclown – je nachdem, wie er sich anstelle – am Königshofe sein. Einen Augenblick lang denkt Markus daran, sich einfach in ein Sandkorn zu verwandeln, schon das dumme Gesicht, das der König dann machen würde, lohnte den Spaß. Doch dann fällt ihm der Schwarze Müller ein. Am Königshofe würde der ihn kaum suchen. Und wenn auch: Noch nie hat jemand gehört, daß der Müller etwa einen Minister oder gar den König oder überhaupt jemanden vom Königshofe in seine Mühle verschleppt und zum Mühlknecht gemacht hätte.

„Einverstanden", sagt Markus zum Hofmeister und befiehlt seinen Ferkeln: „Im Galopp, marsch, marsch, nach Hause!"

Die Ferkel stieben im wiegenden Pferdegalopp davon, und Markus klettert in die letzte Kutsche, zum Hofkoch, Hofbäcker, Hofschneider und Hoffriseur.

Als die Wagen durchs Dorf brausen, murmelt Markus ein Abrakadabra, und an der Königskutsche bricht ein Rad.

„Ich komme gleich wieder!" ruft er und springt davon.

Die Mutter jätet die Gartenbeete. Markus zeigt ihr die Kutschen. „Ich fahre mit ihnen, Mutter."

„Willst du wieder das Glück suchen?" fragt sie.

„Ich will hier nicht auf mein Unglück warten", antwortet er. „Bis Krabat wiederkommt, bin ich dort am besten aufgehoben."

„Bleib", bittet die Mutter.

„Ich bin ja nicht aus der Welt, Mutter. Auf Wiedersehen! Und mach dir keine Sorgen. Ich passe schon auf mich auf. Und du sollst auch keine Not haben!"

Er flüstert ein Sprüchlein, und der Haufen Unkraut zu ihren Füßen verwandelt sich in einen Berg Weizenkörner.

„Lebe gut, Mutter! Und sage Krabat, wo er mich findet."

Er umarmt sie und eilt zu den Wagen.

Genau dreiundzwanzig Tage lang hat der König Spaß an seinem neuen Hofclown. Dann hat er sich satt gesehen an tanzenden rosigen Schweinchen, an fliegenden Marzipan-Wachteln, an turnenden Mäusen. Satt gesehen hat er sich auch an Goldfischen, die aus dem Springbrunnen im Schloßhof auftauchen und sich in eine Flotte von Kriegsschiffen verwandeln, spannenlang und aus winzigen Kanonen feuernd und einander versenkend. Die versenkten Schiffe werden wieder zu Goldfischen, ein einziges Schiff bleibt über dem Wasser.

Mit der Lupe liest der König die Aufschrift, die es an der Bugwand trägt: „Maximus rex". Es ist sein königlicher Name. Und es heißt auch: „Der Größte König".

Die Hofleute klatschen Beifall, nicht dem Hofclown Markus, sondern dem König, der das goldene Schiffchen aus dem Wasser hebt. Doch in diesem Augenblick verwandelt sich das Schiff in einen grauen Kiesel. Ärgerlich wirft der König den Kiesel zu Boden – und da liegt ein Klumpen Gold.

Blitzschnell bückt sich der Hofminister – und greift in Hundedreck.

Schallend lacht der König, und weil der König lacht, lachen die Damen und Herren des Hofes.

Nur der Minister lacht nicht. Wütend wischt er seine Hand an Markus' Rock ab und zischt: „Ab sofort wirst du Dienst in meiner Küche tun! Und sollte es dir einfallen, Faxen zu machen, lasse ich dich lebendig einmauern. Dann kannst du zaubern, soviel du Lust hast!"

Markus glaubt, der König würde Einspruch erheben.

Der König hat seinen Clown satt: Es ist doch immer wieder dasselbe.

Markus bekümmert die Ungnade des Königs wenig. Ob Ministerküche oder Hofnarrkammer, meint er, ich bleibe in der Nähe des Königs und bin sicher vor dem Schwarzen Müller.

Die Ohrfeigen, die er vom Oberkoch bekommt, schreibt er auf. Eines Tages wird sich schon eine Gelegenheit finden, sie heimzuzahlen – Stück für Stück oder im Ganzen, eins für hundert.

Nach der zweiunddreißigsten Ohrfeige, die Markus vom Oberkoch bezieht, erscheint der Hofminister in seiner Küche und erklärt Markus: „Ich gebe heute ein Fest. Der König ist mein Gast. Der König soll lachen. Laß dir etwas einfallen!"

Markus läßt sich etwas einfallen.

Als Vorgericht gibt es getrüffelte Gänseleber. Eine lebende Krönchengans darf artig auf dem Tisch ein silbernes Wägelchen ziehen, auf dem die getrüffelte Pastete in Form einer Königskrone liegt. Nachdem sich jeder Gast bedient hat, singt die Gans eine Arie, legt sich mitten auf den Tisch und erstarrt zu Marzipan.

„Bravo", sagt der König, doch er lacht nicht.

Der Minister muß ihn aber zum Lachen bringen. Das Staatssäckel, das er verwaltet, war prall wie des Königs Bauch und ist leer wie sein Kopf. Es fehlt darin genausoviel, wie man braucht, um ein Schloß zu bauen. Der Hofminister hat sich das Schloß gebaut. Darum muß der König lachen; ein lachender König hackt keinem Minister die Augen aus.

Betreßte Diener tragen die Suppe auf. Es ist eine weiße Bouillon mit feinen Teigsternchen. Als die Gäste ihre Teller geleert haben, bleiben Teigsternchen zurück, zwei oder fünf, beim König sieben. Die Sternchen scheinen aus purem Gold, sie verwandeln sich auch nicht, als man sie in die Hand nimmt.

Der König wirft seine sieben Goldsternchen dem Fräulein neben sich in den Schoß; das Fräulein lächelt, der König zwinkert dem Fräulein zu.

Auf goldener Schüssel werden Forellen aufgetragen. Die Fischaugen strahlen und funkeln.

Der König lächelt, löst zwei Rubine aus dem Kopf einer Forelle, reibt sie mit dem Tischtuch sauber und läßt dem Fräulein die Edelsteine in den Ausschnitt gleiten.

„Die Ihren sind sicher noch schöner", sagt er.

Das Fräulein bemüht sich zu erröten und antwortet leise, das möge der König selbst entscheiden.

Jetzt lacht der König, laut und fröhlich. Weil der König lacht, lacht die ganze Tischgesellschaft. Dem Hofminister fällt ein Stein vom Herzen.

Mit neuer Speise marschieren die Diener ein.

Der Speisemeister verkündet: „Junge Hähnchen, auf dem Rost gebraten, dazu Preiselbeeren, eingemachte Walnüsse und Ingwer, dazu mit Parmesankäse gefüllte Makkaroni, dazu Salat aus Gurken, Sellerie, türkischen Zwiebeln und Hagebutten."

Der Speisemeister klopft mit seinem Stab auf den Boden, und die Diener servieren den Gästen.

Der König will dem Fräulein ein Hähnchen vorlegen, in seiner Hand wird das Hähnchen eine Erdkröte, die dem Fräulein ins Kleid hüpft. Das Fräulein fällt in Ohnmacht und sinkt vom Stuhl.

Der König holt die Kröte aus ihrem Ausschnitt und wirft sie dem Minister ins Gesicht.

Der Minister wird totenbleich, will etwas stammeln, aber da sieht er den Tisch voller Kröten, sieht, wie aus den Makkaroni-Schüsseln Regenwürmer kriechen, sieht die Wut auf dem Gesicht des Königs, reißt dem Zeremonienmeister den Stab aus der Hand und rennt in die Küche.

Markus wäre ein miserabler Zauberer, würde er dort auf seinen wütenden Hofminister warten. Als er den Aufschrei des Fräuleins hört, dem kein großes Hofgelächter folgt, weiß er, daß sein Spaß nicht ganz gelungen ist.

Er sagt: „Könige zum Lachen bringen ist schwieriger als Königinnensuppe kochen. Man weiß nie, worüber sie gerade gnädig sind, lachen zu wollen."

Er steckt seine Kochmütze in den großen Suppentopf, gibt dem jüngsten Küchenmädchen einen Kuß, dem obersten Küchenmeister eine Ohrfeige, die fünfzig Ohrfeigen gut ist, und surrt davon – als kleiner frecher Hofspatz.

Der Spatz landet vor dem Posten der Leibgrenadier-Kaserne. Dem baumlangen königlichen Leibgrenadier fällt vor Schreck das Gewehr aus der Hand, als aus dem Spatz plötzlich ein Bursche wird. Markus fängt das Gewehr auf und drückt es dem Soldaten in die Hand.

„Wo bekommt man einen solchen bunten Rock, Freund?" fragt er.

Der Soldat faßt sich.

„Hier hinein, geradeaus und dann rechts, Kamerad", erklärt er, beugt sich hinunter und flüstert: „Sage dort, daß ich dich geworben habe. Wir kriegen nämlich zwei Taler pro Stück. Ich geb dir die Hälfte ab."

„In Ordnung, Bruder", antwortet Markus und marschiert durch das Tor. Ein Rock des Königs ist fast so gut wie eine Tarnkappe, denkt er. Im königlichen Leibgrenadier-Regiment findet mich weder der Schwarze Müller noch der Hofminister.

Er lacht, und das ist dem Kleiderfeldwebel des Königs noch nicht vorgekommen: daß einer lacht, wenn er Soldat wird.

„Dir wird das Lachen noch vergehen, Freund", sagt er grimmig. „Morgen geht's ab in Richtung Wien. Dort warten die Türken auf dich, mein Bester! Die bringen dir das Heulen und Zähneklappern schon bei!"

„Auf die Türken freu ich mich", entgegnet Markus. „Die haben so guten Honig. Für guten Honig laufe ich sogar bis Wien."

Der Feldwebel sperrt sprachlos den Mund auf. Schnell reißt Markus einen Holzsplitter von einem Kleiderspind, verwandelt ihn in einen großen Knochen, schiebt ihn dem

Feldwebel quer zwischen die Zähne und lähmt ihm die Hände. „Siehst du“, sagt er „nun kannst du zwar heulen, aber klappern kannst du nicht. Du hast die Türken nötiger als ich.“

Markus sucht sich den schönsten Rock und die besten Stiefel aus und marschiert pfeifend auf den Kasernenhof, wo sich das Regiment sammelt, um gegen die Türken zu ziehen. Er stellt sich ins Glied, murmelt ein Abrakadabra, und dem Feldwebel in der Kleiderkammer fällt der Knochen aus den Zähnen und zehntausend Flüche hinterher.

Am nächsten Morgen zieht Markus mit dem Regiment stromauf aus der Stadt. Die Grenadiere singen: „Ade, ihr braun und blonden Mägdelein ...“ Markus singt: „Ade, du teufelsschwarzer Müller du!“

Er singt und ist guter Dinge. Nie und nimmer, denkt er, wird mich der Müller im Türkenkrieg suchen. Markus hat Krabat nicht vergessen. Stets, wenn er an den Müller denkt, denkt er an Krabat, seinen Bruder, und auch, daß er ihm aufgetragen hat, gegen den Schwarzen Müller zu kämpfen. Aber warum sollte er kämpfen, wenn es nicht möglich ist zu siegen? Niemand kann den Schwarzen Müller überwinden. Krabat war stark, mutig, klug – und doch hat ihn der Müller aus Markus’ Welt geschafft.

Markus zieht nach Wien, und manchmal, in den Marschpausen, zaubert er seinen Kameraden zum Spaß etwas vor. Ein bißchen Abrakadabra.

Einmal in der Nacht träumt er vom Müller und schreit vor Angst. Nicht einmal im Traum hilft gegen den Schwarzen Müller irgendein Abrakadabra.

Manchmal hockt er auch flüsternd mit einem Freund zusammen und erzählt von Krabat: vom Ochsenhandel, vom Pferdehandel, von ihrer Befreiung aus der Schwarzen Mühle und daß Krabat ihn finden werde – und dann wehe dem Müller!

— V —

Der Schwarze Müller glaubt, daß er die Zeit gebogen hat zu einem Ring: kein Anfang, kein Ende, die Schwarze Mühle treibend, ewig, und nichts ändert sich, und nichts kann sich ändern.

Er hat den Ring geworfen zwischen sich und Krabat. Doch Krabat ist in jeder Zeit.

Die Zeit läßt sich nicht zum Mühlknecht machen, sie schreitet voran, geradeaus, immer geradeaus. Und, der Müller kann es nicht ändern, die Zeit trägt Krabat mit sich.

Sie trägt Krabat mit sich, und die Leute, denen der Müller die Söhne nahm und nimmt und noch nehmen wird, die Leute erzählen von Krabat; die einen vom listigen Krabat, die anderen vom mächtigen Krabat, die einen eine spöttische Geschichte, die anderen ein Heldenlied. Aber immer: Krabat und der Schwarze Müller.

Und immer größer wird Krabat.

Als einer der Müllerburschen sterben muß, schreit der seinen Haß und seine Hoffnung dem Müller ins Gesicht.

„Krabat wird kommen und dich bei lebendigem Leibe häuten!“ schreit er, und der Müller sieht, es ist der Haß und die Hoffnung auch der anderen.

Der Müller könnte sie töten, aber ohne Knechte steht die Mühle, und steht die Mühle, fällt des Müllers Macht zusammen wie ein leerer Sack.

Der Müller rennt in seiner Kammer wütend auf und ab.

„Die verdammte Zeit!“ flucht er.

Die Zeit trägt Krabat durch das Land.

„Ich muß ihr einen anderen Krabat in die Mähne setzen“, spricht der Müller zu sich selbst. „Einen finsteren, schwarzen Krabat.“

Er reißt seine Bücher aus der Truhe und wälzt sie drei Tage und drei Nächte, dann hat er das Mittel gefunden, das Krabat schwarz machen wird, und die Hoffnungen der Menschen werden von ihm abfallen wie Welklaub.

Das Heer des Königs kriecht nach Südosten. Kundschafter schwärmen aus: Wo sind die Türken, was planen die Türken?

Das Heer rastet, wartet auf die Kundschafter. Markus hockt vor einem Ameisenhaufen und macht aus Ameisen winzige Reiter. Zwei Reiterarmeen. Hundert Soldaten hocken, stehen herum und sehen zu: wie winzige Reiter galoppieren, schießen, stechen, säbeln. Es ist ein angenehmes, weil aufregendes Schauspiel. Man steht sozusagen auf dem Feldherrnhügel und schaut der Schlacht und der Schlächterei zu.

Man hilft Markus Krieg führen: „Hol die Reserven heraus!“

Markus holt die Reserven aus dem Ameisenbau und schickt sie in die Schlacht, ein Flankenangriff, ein Umgehungsmanöver, ein paar Tausend Tote, die Feldherren, die da herumstehen, hocken, auf dem Bauch liegen, fühlen sich ausgezeichnet. Ein bärtiger Feldwebel meint, daß ihm das Feldherr-Spielen so gut täte wie eine Badekur.

Markus zaubert und zaubert und zaubert sich den König auf den Hals.

„Interessant!“ sagt der König, der plötzlich hinter Markus steht. „Da leben aber noch welche. Die Hälfte rechts, die Hälfte links – und nun die Säbel raus! Angriff! Galopp!“

Markus gibt die Befehle des Königs an seine Ameisenreiterei weiter.

„Fein!“ sagt der König, als die beiden letzten Schwadronen einander niedergesäbelt haben, und zertritt die zehn oder zwanzig Überlebenden.

„Bist du nicht mein ehemaliger Hofclown?“ fragt der König.

Markus nickt.

„Du kannst also aus Ameisen Reiter machen – kannst du auch aus Reitern Ameisen machen?“

Markus zögert. Möglicherweise verlangt der König, daß er das ganze Türkenheer in einen Ameisenhaufen verwandeln soll. Das könnte er wirklich nicht.

„Aha“, der König lacht, „Berufsgeheimnis, ich verstehe. – Komm mit!“

Markus folgt dem König in sein Zelt.

„Setz dich!“ befiehlt der König. „Und trink erst mal einen Schluck.“

Eigenhändig gießt er Markus einen Becher voll Wein.

„Unsere Kundschafter, unter uns gesagt, sind Lahmsäkke. Lassen sich alle von den Türken abmurksen. Trink noch einen Schluck!“

Markus trinkt noch einen Becher vom Wein des Königs.

„Könntest du“, spricht der König, „als Kundschafter ins Türkenlager ...“

„Kinderspiel!“ antwortet Markus. „Gleich?“

„Man müßte die Pläne der Türken einsehen, einen Kriegsrat belauschen ...“

„Läßt sich machen!“

„Du bist mutig.“ Der König klopft Markus auf die Schulter.

Markus lacht. „Dazu brauche ich keinen Mut.“

„Wäre das so ungefährlich?“

„Ich fliege hin ...“

Der König unterbricht ihn. „Fliegst?“

„... und dann seh ich mir ihre Landkarten an, als Floh oder als Mücke, und dann fliege ich zurück“, erklärt Markus und überlegt, ob er dafür nicht vom König verlangen könnte, daß er den Schwarzen Müller fangen und vierteilen läßt.

Der König denkt inzwischen königliche Gedanken. Warum sollte ich diesem stinkenden Bauernjungen den Ruhm lassen, die türkischen Kriegspläne erkundet zu haben? Solcher Ruhm steht nur einem König zu! Überhaupt, wenn es so ungefährlich ist.

„Na“, sagt der König, „trink noch einen Schluck.“

„Könntest du mich auch verwandeln, sagen wir, in einen Adler?“

Markus riecht den Braten: Der König will ein königlicher Vogel sein. Er schüttelt den Kopf.

„Ich muß nachdenken.“ Er tut, als überdächte er sehr schwierige Dinge. „Nein, Herr König“, sagt er schließlich. „Ich kann dich nur in einen Wiedehopf verwandeln und, wenn wir bei den Türken sind, in eine Schmeißfliege. Leider.“

Der Wiedehopf stinkt und die Schmeißfliege, nein, denkt der König, das lasse ich nicht mit mir machen. Aber dann fällt ihm ein, daß der Wiedehopf ein schönes Federkleid hat und die Schmeißfliege bunt schillert.

„Also, meinetwegen“, brummt er. „Wir fliegen zusammen. Du als Spatz!“

„Gleich?“

„Sofort!“

„Da ist noch etwas, Herr König“, sagt Markus. „Du darfst im Zelt des türkischen Großherrn nichts berühren, was aus Gold ist, kein Silber, keinen Edelstein. Sonst fällt der Zauber von uns ab wie fauler Plunder.“

Das gefällt dem König überhaupt nicht. „Schließlich bin ich ein König“, murrt er.

„Das ist es ja gerade!“ sagt Markus. „Ohne das Zeug würdest du aussehen wie jedermann ...“

„Was?“ Der König ist wütend.

„Na ja“, Markus lenkt ein, „sagen wir, nicht wie jedermann, sondern“, er sieht den König prüfend an, „sagen wir, wie ein – ja, wie ein Bäcker ...“

„Wie wer?“

„Ein Bäckermeister natürlich, Bäckerobermeister sogar. Ja, das würdest du. Aber Gold, Silber, Edelsteine – das macht dich eben zum König. Auch wenn du verzaubert bist.“

„Das leuchtet mir ein“, erklärt der König und verspricht, nichts zu berühren, was Gold, Silber oder Edelstein wäre. Markus verwandelt sie beide doch lieber in Schwalben, damit sie schneller und höher fliegen können.

Bald liegt unter ihnen in einer weiten Ebene das türkische Lager; inmitten der Tausende Soldatenzelte das prächtige Zelt des Sultans, Seide und Samt, die grüne Fahne des Propheten flattert über ihm.

Zwei Schwalben segeln heran, der Posten vor dem Zelteingang sieht sie anfliegen, plötzlich sind sie weg, der Posten reibt sich die Augen und denkt, vielleicht hat er gerade gezwinkert.

Zwei Fliegen surren durch den Zeltspalt ins Innere. Dort liegen die Schlachtpläne ausgebreitet auf einem kostbaren

Teppich, der Großwesir erklärt den Plan, der Sultan und seine Heerführer hören aufmerksam zu.

Die Fliege König setzt sich dem Großwesir auf die Schulter und läßt sich kein Wort entgehen.

Die Fliege Markus ruht sich inzwischen aus. Sie sitzt an der Zeltdecke und besieht sich die Versammlung von oben. Aus Langeweile zählt sie die kümmerlichen Haare des Großwesirs.

Die Fliege König kriecht über die Landkarte und prägt sich jede Einzelheit ein.

Der Kriegsrat endet, die Pläne werden eingerollt. Stumme Diener, man hat ihnen die Zungen abgeschnitten, bringen auf silbernem Tablett Kaffee herein und reichen goldene Tellerchen voll kandierter Nüsse und gerösteter Mandeln herum.

Die Fliege König fliegt auf, aber sie möchte noch im Zelt bleiben, vielleicht wird doch noch Wichtiges besprochen. Der Sultan öffnet den Mund. „Achmed Bei", sagt er, er spricht sehr leise, die Fliege König kann nicht gut hören, wenn sie fliegt. Sie sieht sich nach einem Sitzplatz um, nach einem Platz, der einem König zusteht.

Wahrscheinlich hat mich der Bursche beschwindelt, denkt sie, ich soll wohl auf dem Teppich sitzen, auf dem ein einfacher Bei mit den Füßen herumtrampelt; kommt nicht in Frage!

Die Fliege König findet, daß ein goldenes Tellerchen der richtige Platz für sie sei, sie surrt heran, läßt sich nieder, berührt den Teller – und auf einem goldenen Teller kandierter Nüsse und gerösteter Mandeln sitzt der König, etwas dick, etwas fett und sehr prächtig gekleidet. Die Nüsse und die Mandeln sind zu Brei.

„Achmed Bei", spricht der Sultan mit leiser Stimme, und nichts in seiner Miene verrät sein Erstaunen über das plötzliche Erscheinen des Königs. „Laß den Herrn Spion König fesseln und gut bewachen."

Über die Fliege, die als Markus von der Decke gefallen ist, verliert er nicht einmal eines seiner leisen Worte. Er muß auch gar nicht sagen, was mit Markus geschehen soll, es geht schon alles seinen Gang.

Die Wachen fesseln ihn, die Hände auf den Rücken, Strick um Hände und Hals, die Kleidung vom Leibe gefetzt. Und auch die kleine, rot und schwarz geflochtene Schnur von der bloßen Schulter gerissen.

Zwei Zelte weiter haust der Scharfrichter. Die Wachen werfen Markus in das Zelt des Scharfrichters. Ob enthaupten, hinter einem Pferd zu Tode schleifen oder vierteilen – das kommt darauf an, welche Laune der Scharfrichter eben hat. Vielleicht läßt er Markus auch an den Galgen hängen oder lebendig begraben.

Im Sultanszelt schreit der König: „Ich bin der König!"

Achmed Bei weiß, daß der Sultan kein Geschrei liebt, die Ohren tun ihm davon weh. Achmed Bei reißt dem schreienden König die Schärpe von der Hüfte und stopft sie ihm in den Mund.

„Du mußt keine Angst um dein kostbares Leben haben, König", spricht der Sultan. „Du wirst uns helfen, dein Heer zu vernichten – dann lassen wir dich mit allen königlichen Ehren nach Hause fahren. Deine Soldaten gegen dein Leben – was meinst du dazu?"

Der König nickt.

Ein Schärpenende hängt ihm aus dem Mund und nickt mit.

Der Sultan nimmt drei Finger voll Nüsse von einem neuen Tellerchen, kaut sie ausgiebig und sagt: „Die Einzelheiten bespricht der Großwesir mit dir. – Achmed Bei, der König wird vielleicht etwas Ablenkung brauchen: Man soll ihm einen Ehrensitz bei der Hinrichtung seines Soldaten geben."

Der Sultan nimmt ein zweites Mal Nüsse, und Achmed Bei führt den König hinaus.

— VI —

Eines hat der Schwarze Müller mit seinem Ring der Zeit erreicht: Er hat Markus und Krabat getrennt.

Krabat ahnt, daß der Müller die günstige Gelegenheit auszunützen versucht, um Markus zu töten, und darum verfolgt er ihn.

Er verfolgt den Schwarzen Müller, der Schwarze Müller verfolgt Markus.

Am Rande der weiten Ebene fängt der Müller einen türkischen Kundschafter ab und erfährt, daß der König auf wunderbare Weise im Zelt des Herrschers aller Gläubigen aufgetaucht sei. Der Müller erschlägt den Türken, schwingt sich als bärtiger Janitschar auf dessen Rappen und jagt ins Türkenlager.

Am Rande der weiten Ebene verliert Krabat die Spur des Schwarzen Müllers.

Nach rechts, zum Heerlager des Königs?

Nach links, zu den Türken?

Krabat überlegt: Der Müller jagt Markus, Markus ist Soldat im Heer des Königs.

Krabat durchstreift das königliche Lager auf der Suche nach Markus. Vorsichtig und gespannt bewegt er sich zwischen den Zelten, den Lagerfeuern, den Kanonen, jeden Augenblick gewärtig, daß ihn aus einem Hinterhalt heraus der Schwarze Müller überfällt.

Durchs Lagertor reiten drei Kundschafter, Schrecken und Unruhe breiten sich wie in Wellen vor ihnen aus. Das ganze Lager gerät in Aufregung.

„Was gibt's?“

„Der König in Gefangenschaft! Der König gefangen im Türkenlager!“

Niemand weiß, wie der König in diese Lage geraten ist, aber am Bericht der Kundschafter gibt es nichts zu zweifeln: Der König ist tatsächlich verschwunden.

Die Generäle sind ratlos.

Krabat fragt den Leibdiener des Königs aus.

„Er hat mit dem Zauberer allein im Zelt gesessen“, erklärt der Diener, „und plötzlich waren beide verschwunden.“

„Wie heißt der Zauberer? Wie sieht er aus? Schnell!“

Der Diener stottert vor Aufregung. „Der Zauberer war ein Soldat“, sagt er, „und hieß Markus oder ähnlich.“

Sofort weiß Krabat, daß Markus höchste Gefahr droht. Wahrscheinlich befindet er sich schon in der Gewalt des Schwarzen Müllers. Jetzt muß ich den König suchen, um den Freund zu finden, sagt er sich.

Als Soldat tritt er vor die Generäle.

„Gebt mir das beste Pferd“, spricht er, „und ich hole den König aus dem Türkenlager.“

„Wie willst du das machen?“ fragt ein General.

„Es geht um Minuten! Fragt nicht, gebt mir das Pferd!“ entgegnet Krabat.

„Versuchen muß man's“, meint ein andrer General. „Nimm mein Pferd, es ist das schnellste hier.“

Krabat springt in den Sattel und prescht davon. Kaum hat er das Lager hinter sich, drückt er dem Pferd die Sporen in die Weichen, das Tier hebt sich vom Boden und galoppiert durch die Luft, schneller als eine Schwalbe.

Im Zelt des türkischen Scharfrichters liegt ein zusammengerollter Teppich, im Teppich schnauft und schnieft der Scharfrichter, gefesselt und geknebelt.

Ein zweiter Scharfrichter, auf jedes Haar des gezwirbelten Schnurrbartes dem im Teppich stöhnenden gleichend, sitzt im Türkensitz mitten im Zelt, trinkt Mokka und holt nach jedem Schlückchen mit der Feuerzange ein Stück glühende Holzkohle aus dem Kohlenbecken und legt es Markus, der gefesselt vor ihm auf dem Boden liegt, auf die nackte Haut.

Die Kohle frißt Löcher in die Haut und verlischt.

„Du mußt keine Angst haben, mein Freund“, redet der sitzende Scharfrichter. „Ich töte dich nicht. Du hast lange genug in meiner Mühle gedient, da mußt du wissen, daß ich bessere Strafen für solche Burschen wie dich erfinde!“

Er trinkt ein Schlückchen Mokka, lacht laut und fröhlich und fährt fort: „Nein, ich töte dich nicht. Ich brate dich bloß ein bißchen, stellenweise, mal hier“, er legt ein Glutstückchen auf Markus' Bauch, „mal hier", und eines Markus auf das rechte Augenlid, „und bloß so zum Spaß."

Markus spürt, wie glühende Kohle und Auge sich gegenseitig auslöschen, irr vor Schmerz beißt er auf seinen Knebel.

„Töten", spricht der Schwarze Müller, „wird dich dein guter Freund Krabat, der wohl nicht mehr lange auf sich warten lassen wird."

Markus hört nichts mehr, ihm sind die Sinne geschwunden.

Der Schwarze Müller denkt nach, wie alles sein wird: Krabat wird Markus töten, und die Ausschreier werden es ausschreien auf den Plätzen der Städte, auf den Angern der Dörfer.

Bruderblut an Krabats Händen – es wird wahr sein, Krabat wird es nicht leugnen, und sein Bild wird schwarz sein oder grau und blind. Wo Hoffnung war, wird Verzweiflung sein, wo Zuversicht, Mutlosigkeit, und der Glaube an die Allmacht des Schwarzen Müllers wird sich in die leeren Herzen der Menschen fressen.

Der Schwarze Müller frohlockt, ewig wird sich die Schwarze Mühle drehen. Der Sieg ist greifbar nah. Der Müller tritt vor das Zelt. Er blickt die Lagergassen entlang. Er entdeckt Krabat, als der noch eine Staubwolke ist, die sich dem Lager nähert. Die Staubwolke wird ein dunkelhäutiger Emir, der auf einem schweißnassen Hengst in rasendem Galopp direkt auf das Zelt des Achmed Bei zureitet.

Der Schwarze Müller nickt, tritt zurück, schlägt dem gefesselten Scharfrichter den Kopf ab und gibt dem Kopf das Gesicht von Markus. Markus und sich selbst verwandelt er in zungenlose schwarze Diener. Er wartet auf Krabat.

Ungehindert dringt Krabat in das Zelt des Achmed Bei ein – überwältigt den überraschten Bei, knebelt und fesselt ihn und befreit den König.

„Wo ist Markus?" fragt er in drängender Eile.

„Markus?" fragt der König. „Wer ist denn das?"

„Der, der dich begleitet hat!" Krabat funkelt den König zornig an.

„Was erlaubst du dir? Ich bin der König!“

Krabat versetzt dem König eine Ohrfeige, daß er taumelt.

„Rede!“ herrscht er ihn an.

Der König stammelt eingeschüchtert. „Ach der? Ja, der – der ist beim Henker im Zelt!“

„Verhalte dich ruhig! Ich hole dich gleich.“

Krabat stürzt in das Zelt des Scharfrichters. Mitten im Zelt liegt der blutige Kopf seines Freundes und Bruders.

Krabat kniet nieder und schließt dem toten Kopf die Augen.

„Markus, Bruder“, spricht er leise, „habe ich dich nicht retten können, so will ich dich rächen. Nicht einen Tag soll der Schwarze Müller mehr Ruhe haben, wie mächtig er auch sei; in welcher Gestalt auch immer er steckt – er soll keine Ruhe haben, bis er von meiner Hand stirbt!“

Sein Herz ist traurig und seine Augen blind vor Schmerz und Zorn, er achtet nicht auf die beiden Stummen in der Zeltecke.

Trauernd kehrt er in das Zelt des Achmed Bei zurück.

„Wenn du mitwillst“, sagt er zum König, „steig hinter mir auf und halte dich fest.“ Er schwingt sich aufs Pferd und stößt ihm seine Sporen in die Weichen.

Sofort erhebt sich das Pferd in die Luft, die Wachen schießen. Das ganze Türkenlager gerät in Aufruhr, alles schreit und schießt durcheinander, aber kein Schuß erreicht die Fliehenden.

Im Zelt des Scharfrichters verwandelt der Schwarze Müller Markus in einen Adler.

„Nun, mein Lieber“, spricht er, er lächelt dabei, es sieht aus, als bleckte ein Wolf die Zähne, „jetzt darfst du hinter deinem Freund herfliegen – stumm bis auf deinen letzten Schrei!“ Er wirft den Adler in die Luft. „Fliege ihm nach!“

Er lacht tief und fröhlich, während er dem Adler nachsieht.

Markus ist in des Müllers Gewalt, er hat nicht mehr die Schulterschnur, und sein Abrakadabra ist ein armseliges Gemurmel gegen den mächtigen Zauber des Müllers.

„Dreh dich um!“ befiehlt Krabat dem König. „Verfolgt uns jemand?“

„Ein Adler! Ein riesiger Adler verfolgt uns!“

Krabat lenkt das Pferd in eine graue Wolke.

„Ist der Adler noch da?“ fragt er nach einer Weile.

„Nein“, antwortet der König beruhigt. Eine Minute später schreit er: „Er ist wieder da! Und näher noch als erst!“

Krabat sieht eine riesige schwarze Wolke vor sich, er lenkt sein Pferd in diese Wolke.

Doch kaum haben sie die Wolke hinter sich, japst der König, vor Angst fast stimmlos: „Der Adler! Gleich wird er uns haben!“

Krabat entgegnet ruhig. „Jetzt ist es klar. Es ist der Schwarze Müller. Reiß einen goldenen Knopf von deinem Rock ab, König, und lade damit meine Flinte!“

Mit zitternden Händen reißt sich der König einen Goldknopf ab und lädt damit Krabats Flinte.

Über die Schulter des Königs hinweg legt Krabat auf den Adler an und drückt ab, ohne zu zielen.

Der goldene Königsknopf trifft den Adler in die Brust, und im Fallen schreit der Adler mit seiner menschlichen Stimme auf: „Krabat – Bruder ...!“

Krabat schleudert den König auf einen Heuhaufen in der Nähe seines Lagers und jagt an die Stelle, wo er hofft, Markus zu finden. Eine Woche lang durchstreift er Wälder, steigt hinab in Schluchten und steile Flußtäler, er sucht auf den Gipfeln der Berge und in der weiten Ebene.

In der weiten Ebene hat inzwischen die Schlacht stattgefunden, die Türken sind besiegt, Krabat findet Tote zu Tausenden, jeder war Sohn einer Mutter, wie Markus der Sohn einer Mutter war.

Eine Woche lang bestattet Krabat die Toten. In jedes Grab legt er seinen Schwur, die Toten zu rächen und die Lebenden aus der Macht des Schwarzen Müllers zu retten.

Dritter Teil

— I —

Auf den Märkten und auf den Plätzen der Städte, auf den Angern der Dörfer verkünden Ausschreier:

„Krabat ermordete seinen Bruder!“

„Krabats Heldentaten: Brudermord!“

„Der Müller schenkte entflohenem Knecht das Leben, Krabat brachte den Knecht um.“

„Krabats wahres Gesicht – das Gesicht eines Mörders!“

Der Schwarze Müller bezahlt die Ausschreier. Er bezahlt auch jene, die sich unter die Leute mischen und wispern: „Es hat keinen Sinn, gegen den Schwarzen Müller zu kämpfen, es kostet unser Blut und bringt nichts ein. Und außerdem steht Krabat mit dem Teufel im Bunde und will uns an die Hölle verkaufen.“

Die Ausschreier und die Wisperer finden Leute, die ergeben ihre Köpfe senken, die um Markus trauern und um ihre Hoffnungen, die sie auf Krabat gesetzt haben, und die sagen: „Ich hab's ja immer gewußt: Es hat keinen Sinn. Der Müller hat die Macht, und wir sind nichts als ein Floh, den er mit dem Fingernagel zerquetscht. Man muß sich klein machen, noch kleiner als ein Floh. Je kleiner man ist, desto weniger wird sich der Schwarze Müller um einen kümmern.“

Die Ausschreier und die Wisperer finden Leute, die sagen: „Ich habe große Stücke auf Krabat gehalten. Ich war auch bereit, auf seiner Seite zu kämpfen.

Aber Brudermord – nein!“

Die Ausschreier und die Wisperer finden auch Leute, die schleunigst ihre Söhne zum Schwarzen Müller schicken und sagen lassen, sie freuten sich darauf, dabeizusein, wenn Krabat lebendig gehäutet wird und gevierteilt und seine vier Teile in vier Feuern öffentlich verbrannt werden.

Der Schwarze Müller sitzt in seiner Mühle und feiert den Sieg tagelang. Tagelang fließt frisches Blut in den Schwarzen Bach, das große Mühlrad dreht sich rasend, und die zwölf Mühlknechte, neue jeden Tag, rennen um die Wette mit ihrem Leben und verlieren den Wettlauf jeden Tag.

Die Ledersäcke des Müllers füllen sich schnell wie nie zuvor. Die Zeit hat Krabat abgeworfen, der Müller feiert seinen Sieg, in ihre Mähne verkrallt reitet er durch das Land.

Die Zeit trägt ihn, und es macht ihm Spaß, sich vor den Menschen über sauberes Wasser zu beugen. Er genießt ihr Entsetzen, wenn sie das Wolfsgesicht erblicken, er lacht laut und fröhlich, und es freut ihn, daß sein Lachen den Leuten wie Wolfsgeheul in den Ohren klingt.

Krabat kehrt heim in das kleine Haus unter der mächtigen Linde.

Eine reglose Frauengestalt empfängt ihn auf der Schwelle.

„Hast du Markus getötet?“ fragt sie.

„Ja, Mutter“, antwortet Krabat und neigt den Kopf, er wartet auf ihr Wort.

„Du bist mein Sohn. Erzähle, wie dein Bruder starb!“

Die Frau geht voran, und Krabat folgt ihr ins Haus.

Auf der Herdstelle spielt eine einsame Feuerzunge mit der Schwärze des Rauchfangs. Vor den Fenstern hängt ein weißes Trauertuch.

Die Frau läßt sich auf den Hocker vor dem Herd nieder und legt ein neues Scheit ins Feuer.

„Es soll nicht verlöschen“, sagt sie „nicht, solange er uns nicht getötet hat. – Erzähle mir von Markus!“

Krabat setzt sich auf die Herdbank und berichtet, wie Markus starb.

Das Gesicht der Frau bleibt tränenlos, ihre Augen sind leergeweint. Sie hält die Hände ruhig im Schoß und schaut in das Feuer, das züngelnd ausbricht.

Schließlich spricht sie, leise, aber ungebrochen die Stimme:

„In einer alten Sage heißt es: ‚Das Land wird sumpfig sein von unserem Blut.‘ Das Land ist sumpfig von unserem Blut, Krabat.“

„Ja, Mutter.“ Krabat nickt. „Aber die Sage spricht weiter: ‚Einer wird kommen und den Sumpf trockenlegen, und der Schwarze Bach, der die Mühle treibt, wird versiegen.‘“

„Wer wird der eine sein?“ fragt die Frau.

„Dein Sohn, Mutter“, antwortet Krabat.

„Du?“

„Dein Sohn“, wiederholt Krabat.

Sie schweigen und sehen dem Feuer zu. Die Nacht bricht an. Das Herdfeuer färbt die weißen Trauertücher rot.

„Bring das Buch, Mutter“, sagt Krabat.

Die Frau bringt das Buch, das Krabat aus der Truhe des Müllers genommen hat.

Er reißt eine Seite heraus und legt sie ins Feuer. Langsam, Seite um Seite, vernichtet er das graue, in Leder gebundene Buch und füttert das Herdfeuer.

„Was tust du?“ fragt die Frau.

„Markus kam um, weil er den Zauber lernte“, antwortet Krabat. „Es ist Zeit, den Zauber zu verbrennen.“

„Du brauchst ihn nicht?“

„Der Müller braucht den Zauber“, antwortet Krabat. „Es ist sein Brimborium. Es macht ehrfürchtig und demütig. Es lähmt und macht blind.“

Seite um Seite fressen die Flammen das Zauberbuch auf. Doch ohne Mühe liest die Frau aus der Asche: „Wer weiß, der kann.“

„Wer weiß, der kann“, wiederholt Krabat. „Dein Feuer brennt das Wissen frei.“

Er wartet, bis der Zauber auch der letzten Seite zu schwarzem Ruß geworden ist. Dann legt er die Schnur des Müllers ins Feuer, die wie ein Häufchen Schwarzpulver zerbirst. Er sammelt sorgfältig die Papierasche in ein irdenes Gefäß.

Er sagt: „Damit, Mutter, geh auf die Wege und die Straßen, in die Dörfer und die Städte und streue die Asche unter die Menschen! Sie wird in ihren Herzen brennen und ihre Augen öffnen.“

Er nimmt das Trauertuch vom Fenster und bindet es sich wie eine Schärpe um die Hüften.

„Laß das Herdfeuer nicht verlöschen, Mutter“, spricht

er. „Es verbrennt den Zauber des Müllers. Und solange es brennt, lebt dein Sohn." Er geht.

„Leb wohl, Sohn", sagt die Frau.

Eine Weile noch sitzt sie regungslos. Sie weiß, sie muß gehen in die Städte und Dörfer und muß die Asche ausstreuen unter die Menschen. Aber sie darf auch das Herdfeuer nicht verlöschen lassen. Das eine ist nicht getan, wenn sie das andere unterläßt. Wie kann sie gehen und doch das Herdfeuer unterhalten?

Lange denkt sie nach. Dann nimmt sie den gelöcherten Eiertopf vom Bord, schichtet ihn voll mit Eichenspänen und legt einen brennenden Span vom Herd hinein. Sie stellt beide Töpfe, den Topf mit der grauen Asche und den Topf mit den glimmenden Spänen, in ihren Feldkorb, legt Scheit neben Scheit auf die Herdstelle und verläßt das Haus. Sie wandert durch das Land, Tag für Tag, solange sie ihre Füße tragen. Sie streut die Asche unter die Menschen und berichtet die Wahrheit vom Tod ihres Sohnes Markus. Am Abend bittet sie gute Leute um Nachtlager und läßt in jedem Haus, in dem sie nächtigt, einen brennenden Span ihres Herdfeuers zurück.

Wo sie Not und Kummer findet, erzählt sie, halb singend, die alte Sage: „Einer wird kommen und den Sumpf trockenlegen, das schwarze Mühlbachwasser wird versiegen. Und es wird sein, daß Mütter Söhne gebären, Söhne Mütter betrauern. Die alten Bäume werden stürzen, die jungen werden wachsen."

— II —

Der Schwarze Müller wütet über den Bericht eines Wisperers.

Da ist auf dem Markt einer aufgetreten, ein Mann mit eisernen Muskeln und einer Stimme, die den Ausschreiern und den Wisperern die Stimme zittrig macht.

Zwischen der Kirche und dem Rathaus auf dem Brunnensockel hat ein Ausschreier gestanden und ausgeschrien:

„Krabat hat sich vom König ein Rittergut schenken lassen! Krabat ständiger Gast an der Mittagstafel des Königs – Seite an Seite mit dem Müller!“

So schreit er, und die Leute hören es und senken die Köpfe. Sie können es nicht glauben, aber sie fangen doch an, es zu glauben.

Aus dem Gäßchen zwischen dem Rathaus und der Häuserreihe der Goldschmiede tritt ein Mann auf den Markt.

„Woher hast du die Nachricht?“ ruft der Mann über den ganzen wimmelnden Markt hinweg zum Brunnen.

Der Ausschreier ist nicht gewohnt, daß man ihn nach der Herkunft seiner Nachrichten fragt.

Statt einer Antwort schreit er: „Krabat schindet seine Bauern!“

„Woher hast du die Nachricht?“ ruft der Mann von der Rathausecke zum zweitenmal.

Dieses Mal ruft er so, daß alle auffahren, jedes Geschäft und jedes Gespräch stockt. Sogar die Kälber in ihrer Marktecke blöken nicht mehr.

„Es ist die Wahrheit!“ schreit der Ausschreier auf dem Brunnensockel. Seine Stimme klingt dünn und blechern wie eine zersprungene Trompete.

Mit wenigen Sätzen erreicht der Fremde den Brunnen. Er springt auf die steinerne Einfassung und reißt mit einer Hand den Ausschreier am Schlafittchen hoch, daß der über dem Wasser zappelt.

„Woher also?“ fragt der Fremde wieder.

„Ich habe meine Quellen“, stottert der Ausschreier.

Der Fremde tunkt ihn zwei- oder dreimal in den Brunnen.

„Woher?“

Der triefende Ausschreier zittert und schweigt.

„Ist das ein Geschäftsgeheimnis?“ fragt der Fremde. Der Ausschreier nickt, so gut er nicken kann, und erklärt eifrig: „Ja, Geschäftsgeheimnis.“

Der Fremde lacht.

„Ihr hört es: Es ist sein Geschäftsgeheimnis“, ruft er den Marktleuten zu. „Also gibt es ein Geschäft. Wieviel bringt dein Geschäft denn ein – darf man fragen?“

„Ich sage nichts, ich sage nichts“, winselt der Ausschreier.

Der Fremde schüttelt ihn, alle Leute ringsum hören, wie es in den Taschen des Ausschreiers klimpert.

„Nun“, ruft der Fremde, „dann wollen wir selber einmal nachsehen!“

Er winkt einem Burschen. „Sieh mal nach!“

Der Bursche klettert auf den Brunnenrand, greift dem Ausschreier in die Tasche und bringt ein Geldstück heraus. „Ein Groschen“, ruft der Fremde.

Der Bursche greift wieder zu, jetzt sind es drei Groschen. Er nimmt sich die andere Tasche vor, darin sind vier Groschen; er reicht das Geld dem Fremdem. Der schüttelt den Ausschreier. „Klimpert es noch?“

„Es klimpert nicht mehr!“ antworten die, die sich vor dem Brunnen zusammendrängen.

„Dann wollen wir mal zählen, wieviel sein Geschäft einbringt. Zählt alle mit!“

Der Fremde wirft ein Geldstück auf das kupferne Rathausdach, ein heller Aufschlag.

„Eins!“

Der Chor der Marktleute wiederholt: „Eins!“

„Zwei!“ – „Zwei!“

„Drei – vier – fünf – sechs – sieben“, zählt der Fremde und zählen mit ihm die Marktleute.

„Und acht! Und Schluß!“ ruft der Fremde.

„Und acht!“ donnert der Chor, und einer schreit: „Achtgroschenjunge!“

Der Marktplatz lacht und johlt.

„Acht Groschen!“ ruft der Fremde. „Und wer zahlt dir die?“

Der Ausschreier schweigt verbissen.

Der Fremde tunkt ihn in das Brunnenwasser, länger als zuerst.

„Ich werde dich wässern“, sagt er, „bis du redest.“

„Wässere ihn, bis er redet!“ schreit der Chor.

Der Ausschreier blickt um sich, als ob er Hilfe erwartet, er wirft seinen Kopf hin und her wie eine Schlange, die den Fanggriff im Nacken spürt. Er sieht keinen Retter sich nähern, er sieht eine aufgebrachte Menge, und er weiß, daß er an der ausgestreckten Hand eines Mannes hängt, der stark genug ist, die Wahrheit aus ihm herauszupressen.

Der Ausschreier murmelt: „Mich bezahlt der Schwarze Müller."

„Wir haben nichts gehört", sagt der Fremde. „Lauter!"

Mit halber Stimme wiederholt der Ausschreier seine Aussage.

„Du hast doch eine gute Stimme, wenn du lügst", meint der Fremde. „Sprich die Wahrheit auch so laut aus!"

Der Ausschreier sieht ein, daß ihm der Schwarze Müller nicht zu Hilfe kommt; verzweifelt und wütend schreit er: „Der Schwarze Müller zahlt mir acht Groschen."

„Und wer liefert dir die Nachrichten?"

Die Stimme klingt so drohend, daß der Ausschreier jetzt ohne langes Zögern lauthals über den ganzen Platz hinwegbrüllt: „Der Schwarze Müller."

Zweimal der Name, der gefürchtete und verfluchte – wie ein Peitschenschlag fährt es in die Menge, das Johlen verstummt, das Gelächter fällt in sich zusammen. Da und dort macht sich einer an seinem Stand zu schaffen und tut, als habe er nichts gesehen, nichts gehört.

Aber da und dort ballen sich Fäuste, ein Schmiedegeselle pfeift eine Melodie, eine helle, peitschende Melodie, zehn oder zwölf, irgendwo in der Menge, nehmen die Melodie auf, und nicht einer auf dem ganzen Marktplatz, der die Worte dazu nicht kennt.

Das Lied ist verboten – in den Sumpf, wer es singt! –, aber ein Dutzend Burschen pfeift die Melodie, und niemand weiß, wie viele die Worte dazu denken.

Plötzlich werden die Worte laut, der Fremde singt sie mit mächtiger Stimme:

„Es kommt der Tag!
Es kommt der Tag!
Wolf gefangen –
Herr gehangen –
Schwarze Pest ausgebrannt –
Schwarze Mauern überrannt –
nah der Tag!"

Während er noch singt, hängt er den triefenden Ausschreier an die Brunnenfigur.

„Wer war er?“ schreit der Schwarze Müller den Wisperer an, der alles miterlebt hat auf dem Marktplatz.

„Ein Zimmermann, Jan heißt er.“

„Idiot!“ Der Müller schlägt dem Wisperer mit der Reitpeitsche ins Gesicht. „Du Einfaltspinsel!“

„Die Leute sagen, er sei Zimmermann ...“

Ein Tritt des Müllers stürzt den Winselnden in den Schwarzen Mühlbach.

„Krabat!“ schreit der Müller.

Auch wenn auf irgendeinem Stück Papier steht, daß der Fremde vom Brunnen Jan heiße und Zimmermann sei: Es war Krabat.

— III —

Der Müller wütet. Er hat in ein Dorf geschickt: „Her mit zwanzig Burschen!“

Die Bauern hätten ihre Söhne geschickt, mit Flüchen im Herzen zwar, die Fäuste in der Tasche geballt, aber sie hätten die Söhne geschickt. Zwar ist es schon vorgekommen, daß Burschen geflohen sind; in die Heide, in die Berge. Es ist dem Müller ein Vergnügen gewesen, sie zu jagen und totzuschlagen.

Aber in jenem Dorf tritt einer dem Vogt des Müllers entgegen, ein Bursche, stark wie ein Baum. „Der Müller hat kein Recht auf uns!“

Der Vogt denkt, er hört nicht gut.

Ruhig sagt er: „Rede dich nicht um Kopf und Kragen, bevor es ans Sterben geht.“

Der Aufrührer lacht. „Es geht nicht um meinen Kopf, es geht um deine Beine: wie schnell sie laufen können.“

Mit einer Heugabel rückt er dem Vogt zu Leibe.

„Zurück!“ schreit der Vogt.

Aber der Bursche rückt vor, Schritt um Schritt, und hinter ihm das ganze Dorf, Männer und Frauen, Schritt um Schritt.

Der Vogt weicht nicht, er weiß, was ihn erwartet, wenn er ohne die Burschen zum Müller kommt.

„Ihr habt zwanzig Knechte in die Mühle zu schicken!" schreit er.

„Hier gibt es keine Schafe, die allein zum Schlachter laufen!" ruft der Bursche zurück. „Sag das dem Müller!"

Die Spitze der Heugabel berührt die Brust des Vogtes. Der reißt sein Schwert aus der Scheide und zerhaut den Gabelstiel.

„Ich fordere Gehorsam!" brüllt er.

Das Dorf ist nicht arm an Heugabeln, von allen Seiten dringen sie jetzt auf den Vogt ein, der baumlange Rebell schwingt eine Sense.

„Im Namen des Schwarzen Müllers – Gehorsam!" schreit mit kippender Stimme der Vogt. Statt einer Antwort beginnt der Rebell zu singen:

„Es kommt der Tag!
Es kommt der Tag ..."

Im Takt schwingt er die Sense, und im Takt rücken die Bauern vor.

„Ein Schwein bist du", knirscht der Müller und berührt den Vogt, „und ein Schwein sollst du sein!"

Der Vogt will aufschreien, aber es ist nur ein jämmerliches Quieken, das er hervorbringt, bevor sich die Tür zum Schweinestall hinter ihm schließt.

„Ich mache sie zu Schweinen, alle!" tobt der Müller. „Ausgerechnet Suschka – der kleine Dünne – soll der Rebell heißen! Ausgerechnet!"

Der Müller muß sich setzen, Haß und Wut verkrampfen ihm die Brust, er bekommt keine Luft mehr. Die Augen sind rot unterlaufen, die Finger krallen sich ins eigne Fleisch.

Er hechelt wie ein Wolf auf der Blutspur: „Den Tod,

Krabat, den du stirbst, hat noch nie jemand zu sterben brauchen!“

Er schickt seine Knechte in das Rebellendorf, alles Lebende zu töten: Menschen, Tiere, die Bäume im Garten, die Frucht auf den Äckern.

Einem Ausschreier befiehlt er, mit den Knechten zu ziehen. Er soll auf die Märkte und Anger gehen und unter die Leute bringen, was er mit eigenen Augen gesehen hat: wie der Müller Rebellen bestraft.

Die Knechte des Müllers finden das Dorf leer, kein Mensch und kein Tier. Und nirgends eine Spur. Sie legen Feuer an die Häuser, hauen die Obstbäume um, vergiften die Brunnen und zünden das reifende Getreide an.

Der Ausschreier geht in die Stadt. Der Marktplatz wimmelt von Menschen. Zwischen den Ständen schiebt sich eine schwarzgekleidete Frau durch die Menge. Sie trägt einen Feldkorb in der linken, einen offenen irdenen Topf in der rechten Hand. Der Wind bläst in den Topf und wirbelt Ascheteilchen auf.

Der Ausschreier springt auf die Rathaustreppe und schreit: „Leute, herhören!“

Von dort, wo die Frau vorbeigegangen ist, richten sich klare, brennende Augen auf ihn. Vor ihren Blicken versagt ihm die Stimme.

Er ist stumm, als hätte er keine Zunge im Mund. Gleichmütig wenden sich die Marktleute von ihm ab. Niemand starrt ihn an wie sonst, neugierig und angstvoll.

Der Ausschreier will wissen, was geschehen ist, er zieht seinen Rock aus und mischt sich hemdsärmelig unter die Leute. Er sperrt die Ohren auf und schnappt Gesprächsfetzen auf.

„Die Häuser wird man wieder aufbauen, die Äcker wieder einsäen, neue Bäume pflanzen, frische Brunnen bohren“, hört er. Er entsetzt sich; die Leute reden, als würde die Macht des Schwarzen Müllers bald zusammenbrechen.

Unter dem rundbögigen Kirchentor sitzt ein Sänger, er streicht seine dreisaitige Geige und singt:

„Solange im Hause der Mutter
das Herdfeuer brennt,
solange die Sonne
das weiße Trauertuch färbt,
solange lebt Krabat,
der Held.“

„Wer bist du?“ fragt der Ausschreier den Sänger.

„Der Kantor“, antwortet der, wiederholt den Refrain und singt eine neue Strophe.

Sein Lied ist lang, es singt von Krabats Taten im Kampf gegen den Schwarzen Müller.

Der Ausschreier setzt sich auf die Kirchenschwelle, er hört dem Sänger zu, und in seinem Kopf beginnt es zu kribbeln, unruhige, ängstliche, schlaue und verschlagene Gedanken, aber schließlich klimpern die acht Groschen in seiner Tasche lauter als alle Gedanken.

Er eilt in die Mühle und sagt zum Müller: „Acht Groschen sind zuwenig für meine Arbeit.“

„Du bist ein Schwein ...“, spricht der Müller.

Der Ausschreier fällt ihm ins Wort: „Wenn schon! Aber was fängst du ohne Ausschreier an? Die wachsen dir nicht mehr wie Pilze!“

„... und ein ...“

„Halt, Müller“, ruft der Ausschreier. „Außerdem habe ich wichtige Nachrichten.“

„Rede!“

„Wieviel zahlst du?“

„Acht Groschen!“ knurrt der Müller böse.

„Acht Groschen Prämie dazu?“

Der Müller wirft ihm das Geld hin. „Rede!“

„Der Kantor singt Lieder über dich“, spricht der Ausschreier.

„Der Kantor? Und sieht aus wie Krabat, was?“

„Ich kenne Krabat nicht“, der Ausschreier zuckt die Schultern. „Aber der, der dort singt, singt über dich und Krabat. Und über das Herdfeuer ...“

„Welches Herdfeuer?“

Der Ausschreier berichtet, was er weiß.

Der Schwarze Müller jagt ihn hinaus, schwingt sich auf ein Pferd und reitet durch die Nacht davon.

Das niedrige, strohgedeckte Haus unter der mächtigen Linde liegt still und dunkel. Mit einem Stiefeltritt gegen die Tür verschafft sich der Müller Zutritt. Doch dann zögert er. Es könnte sein, daß Krabat im Haus ist.

„Krabat!" schreit der Müller.

Das Haus schweigt. Der Müller dringt ein.

Das Haus ist still, aber das Herdfeuer glimmt.

„Alte!" schreit der Müller. Es kommt ihm nicht ganz geheuer vor, in einem finsteren Haus, das vielleicht leer ist, zu schreien. Er nimmt einen Kienspan vom Herd, läßt ihn hell aufbrennen und leuchtet alle Winkel aus. Noch ein paar Späne dazu, und er hat eine Fackel. Er steckt die Fakkel in den Ring neben der Tür, holt Wasser aus dem Brunnen und übergießt den Herd. Das Wasser verdampft, das Herdfeuer glimmt weiter. Er wirft seine Schulterschnur, die auch ein Flammenmeer erstickt, ins glimmende Herdfeuer der Mutter, die Schnur zerbirst mit einem Knall, das Feuer züngelt heller.

Wütend reißt der Müller die Feuerstelle aus ihrem Fundament und schleppt sie hinaus unter die Linde, gräbt ein mannstiefes Loch und schleudert Herd samt Herdfeuer hinein, wirft Erde drauf und läßt sie feststampfen durch sein pestschwarzes Pferd. Er hat das Herdfeuer der Mutter erstickt.

Er zerrt das Bündel Kienspäne aus dem Ring und zündet das Strohdach an. Die Flammen lodern. Der Müller reißt einen brennenden Sparren herunter und schwingt ihn wie eine Fackel. Wo er vorbeireitet an Häusern und Gehöften, läßt er den roten Hahn auf die Dächer springen. Brände zeichnen seinen Heimweg durch die Nacht. Es ist das Herdfeuer der Mutter, das der Müller auflodern läßt. Die Asche hebt der Wind und trägt sie über das Land. Wo sie hinfliegt, fliegt das Lied auf. Das Lied: „Es kommt der Tag ..."

Der Wind wirbelt die Asche des Wissens über das Land. Dem treibt er sie ins Herz, und das Herz brennt. Dem treibt er sie in die Augen, und die Augen werden sehend. Und dem der Wind die Asche des Wissens in Herz und Augen treibt, der macht sich auf den Weg zu Krabat. Das Herdfeuer der Mutter, das auf tausend Herden brennt, zeigt ihm den Weg.

Am Rande des Sumpfes findet er Krabat. Krabat steht halstief in der Erde und hebt einen Graben aus. Der Graben zielt mitten in den Sumpf.

„Wer bist du?" fragt Krabat.

„Ein Sohn der Mutter", antwortet der Ankömmling.

„Was willst du?"

„Tun, was du tust."

„Kennst du die Sage?" fragt Krabat: „Viele Körner werden verfaulen, bevor Weizen auf dem Sumpfland reift. Kennst du das?"

„Ich habe sechs Brüder, die sind jünger als ich", entgegnet der Bursche und springt zu Krabat in den Graben.

Schulter an Schulter arbeiten sie. Tropfenweise sickert Sumpfwassser in den Graben.

Eine Schöpfkelle voll steht es auf der Grabensohle, als die Männer des verbrannten Dorfes erscheinen.

„Wer seid ihr?" fragt Krabat.

„Söhne der Mutter", antworten die Männer. „Wo sollen wir anfangen?"

Krabat läßt sie Gräben in den Sumpf vortreiben, die in seinen, den Hauptgraben, münden.

Kniehoch steht das Wasser im Hauptgraben, als in Reih und Glied eine große Schar anrückt. Voran schreitet der Sänger mit seiner dreisaitigen Geige.

„Wir sind Söhne der Mutter", spricht der Sänger. „Stell uns an, Krabat."

Krabat löst das Trauertuch der Mutter von seinen Hüften, läßt es wie eine Fahne aufsteigen vor der sinkenden Sonne und stellt die Männer an ihre Plätze.

Als die Nacht anbricht und der Müller losreitet, das Herdfeuer der Mutter auszulöschen, füllt das Sumpfwasser den mannstiefen Hauptgraben und beginnt in den Strom der Ebene zu fließen.

Als der Müller das Herdfeuer der Mutter in die Erde stampft, brennen tausend Feuer am Rande des Sumpfes.

Als der Müller den roten Hahn auf das Dach unter der hohen Linde setzt, stöhnt der Sumpf aus tausend Gräben und speit gurgelnd sein stinkiges Wasser in den Strom.

Als der Schwarze Müller die Mühle erreicht, geht die Sonne auf. Das Mühlrad beginnt sich zu drehen, ächzend und ruckend, widerwillig knirschend läuft das Mahlwerk an.

Fluchend stürmt der Müller in den Mahlraum.

„Welcher Teufel bremst die Mühle?" brüllt er.

„Das Wasser, Herr", antworten die Müllerburschen.

Der Müller stürzt zum Bach. Der Schwarze Bach ist ein Rinnsal, kaum noch fähig, das schwere Mühlrad in Gang zu halten.

Der Müller erstarrt, sein Gesicht ist weiß vor Wut.

Er schleudert sechs Müllerburschen in das tödliche Wasser. Das Wasser frißt sie, der Bach schwillt, das Mühlrad dreht sich schneller, das Mahlwerk dröhnt.

Sechs Müllerburschen rennen und schwitzen in der Mühle. Sechs sind nicht zwölf, der Müller hat sein eigenes Prinzip gebrochen.

Er holt sechs Tiere aus dem Stall und verwandelt sie zurück in Mahlknechte.

Aber sechs im Stall sind nicht zwölf. Der Müller sieht sein eigenes Recht gegen sich aufstehen.

Er brütet über seinen Büchern.

Aber da steht nur, was er weiß:

„Der Sumpf speist den Mühlbach. Der Mühlbach treibt die Mühle. Die Mühle mahlt dem Müller die Macht."

Wütend trommelt er mit den Fäusten auf das Buch. Wie irr laufen seine Augen über die Seiten, bis sie sich festhaken an dem Satz: „Das Herdfeuer der Mutter schützt Krabat."

Hat er das Herdfeuer nicht erstickt?

Er hat es erstickt, vergraben, in die Erde gestampft! Die Stunde ist da, Schluß zu machen mit Krabat.

Der Müller blickt auf den Ring an seinem Ringfinger. Er starrt auf den fließenden harten Glanz, Speichel rinnt ihm aus den Mundwinkeln. Er sieht die Tausende vor sich, die den Sumpf mit ihrem Blut auffüllen werden. Die Mühle wird wieder poltern und dröhnen.

Das Mahlwerk beginnt zu stocken und zu stottern. Der Müller jagt sechs Müllerburschen ins Wasser und wirft sich auf sein schwarzes Pferd. Hinter ihm poltert die Mühle laut und kräftig.

Dort, wo der Sumpf noch Sumpf ist, hält der Schwarze Müller im Schutz eines Erlengesträuchs und betrachtet das Gewimmel am Rande der Ebene. Zufrieden nickt er, der harte Glanz seines dritten Ringes wird nicht über leeres Feld fließen. Er betrachtet die geschäftige Menge seiner Feinde, sie singen, er hört das Lied und hört den Sumpf stöhnen, sieht ihn sein Brackwasser ausspeien in einem gurgelnden Strom, und der Schwarze Müller weiß, daß es Zeit ist, dem Lied die Zungen auszureißen, dem verblutenden Sumpf die Wunden zu schließen.

Er zieht den Ring vom Finger und gibt ihm sein Ziel: zwölfmal zwölfhundert zu töten, zuzuschütten die Gräben, nicht zu töten Krabat.

Krabat soll tagelang sterben, von allen gesehen, auch von den Kindern, auch von den Weibern, die Kinder tragen. Kein Weiberschoß soll neue Hoffnung gebären.

Der Müller schleudert den Ring hoch, schräg über die Ebene.

Der Ring nimmt seine Bahn, der fließende harte Glanz öffnet sich, wächst lautlos, breitet sich zu einem riesigen schwarzen Kreis, aus seiner Mitte zuckt ein gleißendes weißes Feuer, ungeheurer Donner zerreißt den Himmel. Zwölfmal zwölfhundert Männer verbrennen am Feuer, ersticken am Donner, der Sumpfwasserstrom staut sich im verschütteten Bett, überspült die Toten und überspült Lebende und drängt zurück in den Sumpf.

Aus der Vernichtung erhebt sich Krabat. Mitten aus der Schar derer, die des Müllers Ring nicht zu töten vermochte, schreitet er auf das Erlengebüsch zu, vor dem der Müller steht, groß und schwarz.

Krabat ruft – sein Ruf zerreißt den Himmel wie der Donner des gleißenden Lichts –: „Ich schwor, Müller, dich mit meinen Händen zu töten. Ich komme, den Schwur zu erfüllen!“

Der Müller lacht, tief und fröhlich. „Das Herdfeuer der Mutter ist erstickt!“ brüllt er.

Krabat tritt einen halben Schritt zur Seite, und der Müller sieht hinter Krabat eine hagere, dunkel gekleidete Frau, die Frau trägt einen gelöcherten irdenen Topf, ruhig brennt darin ihr Herdfeuer.

Der Schwarze Müller erstarrt. Furcht staut sich in seinen Adern und lähmt ihn.

Mit einem fürchterlichen Fluch befreit er sich von der Lähmung, heult auf wie ein Wolf und reißt sich das Gehirn aus dem Kopf und schleudert es gegen die Frau.

Krabat fängt des Müllers Gehirn, das aus dem gleichen harten Glanz besteht wie der Ring, auf und wirft es gegen die aufgeworfenen Erdmassen, die das Sumpfwasser stauen. Tosend wälzt sich das Sumpfwasser wieder dem Strom in der Ebene zu.

Krabat geht auf den Müller zu. Je näher er kommt, desto größer scheint er. Er ist waffenlos. Hundert Schritt noch.

„Hör zu, Krabat“, schreit der Müller. „Wir sind gleich stark. Ich kann dich nicht töten, und du kannst mich nicht töten. Ich schlage dir vor, wir teilen die Mühle und alles, was an der Mühle hängt. Entsinnst du dich, wie ich den Hasen teilte – brüderlich? Laß uns Verbündete sein, Freunde! Es gibt nichts auf der Welt, was sich uns widersetzen könnte. Nimm meine Hand, Bruder Krabat!“ Er lacht, tief und fröhlich, und wiederholt: „Nimm meine Hand!“

Zehn Schritt noch.

„Ich nehme dir das Leben“, antwortet Krabat.

„Halt ein, Krabat!“ ruft der Müller. „Ich biete dir zwei Drittel ...“

„Dein *ganzes* Leben, Müller!“ sagt Krabat.

Noch fünf Schritt.

Der Müller hält seine Hand ausgestreckt, die Hand zittert.

Noch zwei Schritt.

Der Müller wirft sich aufs Pferd und flieht zurück in seine Mühle. Im Mühlbach stehen dunkle Pfützen, die Mühle schweigt, die Müllerburschen sind geflohen, der Schweinestall ist leer.

Im Mahlraum sitzen zwei Ausschreier auf den Geldsäkken, die nur der Müller selbst öffnen kann.

„Was wollt ihr?“ brüllt der Müller, sein Mund geifert.

„Wir machen dir ein Angebot, Müller“, spricht der eine, während er sich mit dem Zeigefinger den Hut ein wenig aus der Stirn schiebt. „Wir verkünden, daß in deiner Mühle alles beim alten ist und daß Krabat als Juniorpartner in dein Geschäft eintritt – etwa das, wenn du jedem von uns einen Sack Gold gibst.“

Wortlos reißt der Müller sein Dolchschwert heraus, ersticht die beiden und wirft sie in das fast trockene Bett des Mühlbaches.

Das Mühlrad knarrt und dreht sich schwerfällig, immer müder, immer langsamer.

Der Müller stößt die Tür zu seiner Kammer auf und setzt sich auf die Truhe.

Das Mühlrad bleibt stehen, endgültig.

Die Schwarze Mühle hat aufgehört zu mahlen.

Zwölf Atemzüge, und noch einer dazu – der Müller erhebt sich mit großer Anstrengung. Eine ungeheure Last will ihn zu Boden drücken. Schwarzer Schweiß bricht aus seinem Körper. Er taumelt und sinkt auf die Truhe.

Noch einmal richtet er sich auf, er zittert, seine Kraft ist erschöpft, er fällt auf alle viere.

Seine Finger und Zehen krümmen sich, spitze Krallen, grauer Tierpelz wächst. Wolfspfoten die Hände und Füße. Entsetzen kriecht über seinen Leib, Wolfshaut, Wolfsherz schlägt, treibt das Blut in den Kopf. Wolfsschädel. Wolfsrachen öffnet sich, und der graue, riesige Wolf neben der eisernen Truhe stößt ein Geheul aus, daß die Bäume im Wald erzittern.

In der Tür steht Krabat.

Die Wolfsaugen glühen auf, die Lefzen ziehen sich zurück und zeigen das füchterliche Gebiß, der Tierleib ballt sich, und mit aller Kraft seiner Muskeln schleudert sich der Wolf gegen Krabat.

Krabat schwingt den Oberkörper zur Seite, und blitzschnell packen seine Hände den Hals des Wolfes von hinten.

Das mächtige Tier schnellt herum, befreit sich aus dem Würgegriff, und Wolfspranken zerfetzen Krabats Brust, Raubtierzähne reißen ihm die Schulter auf. Das Blut macht den Wolf noch wilder, noch stärker, er hechelt, Blut und Geifer rinnen ihm aus dem offenen Maul. Krabat taumelt, aber nur für einen Augenblick, dann gelingt es ihm wieder, den Hals des Raubtiers zu umfassen. Er blutet, aber seine Hände spannen sich wie Eisenklammern um den Wolfshals, immer fester. Der Wolf schlägt mit seinen Pranken um sich, schnellt mit dem Hinterleib gegen den Mann, er bringt ihm neue Wunden bei, aber die tödliche Klammer um seinen Hals löst sich nicht.

Der Wolf röchelt, die roten Augen treten ihm aus den Höhlen, noch einmal bäumt er sich auf, dann hört das Wolfsherz auf zu schlagen.

Krabat schmettert den Kadaver über die scharfen Kanten der eisernen Truhe und bricht dem Tier das Rückgrat.

Von allein springt die Truhe auf.

Neben den sechs Büchern liegt in einem Kästchen das laute, fröhliche Lachen des Müllers, man kann es mit einem Schlüssel aufziehen wie eine Spieldose.

Der Zauberstab: Er besteht aus drei ineinandergedrehten Wortsäulen: Unsterblich ist im Menschen das Tier. Der Mensch ist ein Sandkorn im Wüstensturm. Und: Demut stirbt im Bett, Hochmut am Galgen.

Eine Handvoll rot und schwarz geflochtener Schulterschnüre verwandeln sich in graue Würmer, die Erde fressen und Erde ausscheiden.

Krabat reißt die Truhe hoch, schüttet sie aus und wirft den Wolfskadaver auf den Haufen. Er winkt der Mutter, die ihm gefolgt ist.

Sie zerschlägt ihren gelöcherten Topf, und das Herdfeuer fällt zwischen die Bücher. Krabat bläst in das Glimmen, wie Blütenblätter wachsen die Flammen, ein lodernder Kelch entfaltet sich.

Die Mutter verbindet Krabats Wunden mit ihrem Trauertuch; sein Blut durchtränkt es.

„Sammle die Asche des Wissens in das Tuch", spricht Krabat, als die Bücher verbrennen. „Und bringe sie deinen Söhnen."

Noch einmal zuckt eine Flamme auf, eine nie gesehene schwarze Flamme.

Als die Mutter die geblendeten Augen wieder öffnet, sieht sie Krabat einen Pflug durch den Sumpf führen. Hinter ihm folgt ein zweiter Pflug, auch diesen Pflug führt Krabat. Pflüger in Reihe, jeder scheint Krabat, die Mutter reibt sich die blinzelnden Augen, die Sonne zerteilt den stinkenden Rauch.

Einer geht über das Land, ein Alter oder ein Junger, man kann es nicht sehen, er ist zu nah.

Vielleicht ist es Krabat.

Krabat, von dem die Sage berichtet: Einmal fiel ein Stein vom Himmel und zerbarst. Aus den Trümmern stieg Krabat und schritt ins Land. Einmal wird ein Stein gen Himmel fahren, darin wird Krabat sein. Dazwischen wird Krabat ein Mensch sein und tun, was er tun muß.

Weiß man, was ein Mensch tun muß?

Vielleicht, daß er sein Woher und sein Wohin mit einem Namen nennt und daß er das Eine mit sich trägt und das Andere vor sich sieht.

Materialien

1. Jurij Brězan: Krabat – eine Sagengestalt wird wiederentdeckt

Es scheint mir natürlich, daß ich bei der Suche nach meiner Art des Schreibens den Krabat wiederentdeckte, den Helden der alten sorbischen Sage, die ich von Kindheit an kannte.

In der Sage ist Krabat ein Junge, der aus der Leibeigenschaft flieht, um Lehrling in einer Zaubermühle zu werden. Er lernt am schnellsten von allen und weiß sein neues Wissen anzuwenden: Er überlistet seinen Meister, benutzt, älter werdend, seine Zauberkraft zum Guten und stirbt, erlöst von der Schuld der Schwarzen Kunst.

Die Gestalt ließ mich nicht mehr los. Ich ahnte eine große Geschichte und brauchte Jahre, um ihren Kern herauszufinden: Wissen ist Macht, und Macht macht frei.

Krabat war die Verkörperung der Sehnsucht eines unterdrückten Volkes. Als ich anfing, über die Ausdeutung der Sage nachzudenken, hatte ich im Sinn, eine sorbische Epopöe [Geschichte] zu schreiben – und jener Kernsatz war Wahrheit. Doch noch im Nachdenken darüber begann ich an seiner heutigen Wahrheit, heutigen Gültigkeit zu zweifeln: Das menschliche Wissen weit voraus der moralischen Reife der Menschheit – und ich glaubte, sogar fragen zu müssen: Wer oder was rettet uns vor unserem Wissen? So wurde Krabat für mich zur großen Fragefigur; mit ihm und durch ihn versuchte ich Fragen zu formulieren, die die Menschen rund um den Erdball bewegen.

Mir schien, ich habe mit Krabat einen Brunnen der Wahrheit gefunden. Ich schöpfe aus ihm auch dieses: daß die Brunnen der Wahrheit nicht ausschöpfbar sind. Immer fließen ihnen aus tiefen Quellen neue Wasser zu.

Kommt man der Wahrheit näher, wenn man den tiefen Quellen näher kommt?

Ich weiß es nicht, ich weiß nur, daß keiner die tiefe Quelle findet, der nicht gräbt.

Schreiben ist: nach verborgenen Quellen graben.

2. Ein Autor auf der Suche nach der Geschichte seiner Heimat

Jurij Brězan, der auch das Pseudonym Dušan Šwik benutzt, wurde am 9. 6. 1916 in Räckelwitz (Kreis Kamenz) in der Lausitz geboren. Er ist der Sohn eines sorbischen Steinbrucharbeiters, der neben seiner Schwerstarbeit in den Granitsteinbrüchen um Kamenz seinen drei Hektar großen Hof bewirtschaftete. Als 1933 die Nazis an die Macht gekommen waren, wurde Brězan wenige Wochen vor dem Abitur „wegen politischer Unreife" von der Schule verwiesen. Es folgte die Emigration in die Tschechoslowakei und nach Polen, um das Abitur nachzuholen.

Nach seiner Rückkehr schloß sich Brězan einer sorbischen Widerstandsgruppe an, wurde verhaftet und verbrachte mehrere Jahre im Gefängnis. Von 1941 bis 1944 war er Kriegsteilnehmer an der Front. Als er 1946 aus der Kriegsgefangenschaft nach Hause zurückkehrte, wurde er zum Leiter der sorbischen Jugend gewählt.

Nach dem Krieg begann er seine schriftstellerische Tätigkeit; seine Erfolge ermöglichten es ihm, daß er sich 1949 als freier Schriftsteller in Bautzen niederlassen konnte.

In seinen literarischen Werken erwies sich Brězan von Anfang an als Fürsprecher seiner sorbischen Landsleute; er schrieb in sorbischer Sprache und erzählte volkstümlich-amüsante Geschichten aus dem Lebenskreis seines sorbischen Heimatdorfes. Massiv setzte sich Brězan für die Wiederbelebung der sorbischen Literatur ein, er übersetzte zahlreiche Werke sorbischer Schriftsteller ins Deutsche, und seine eigenen Werke erscheinen bis heute meist in sorbischer und deutscher Sprache. Die Übersetzung der Erzählung „Meister Krabat"* von Martin Nowak-Neumann aus dem Jahre 1954 führte Brězan zu einer intensiven Auseinandersetzung mit dieser sorbischen Sage, die über viele Jahre andauern sollte. Ihr Ergebnis waren das Jugendbuch „Die Schwarze Mühle" und der Roman „Krabat oder die Verwandlung der Welt", der im Jahre 1976 erschien.

3. Die Lausitz und die Sorben

Die Sorben sind ein westslawischer Volksstamm, der heute im südlichen Teil Brandenburgs (Niederlausitz) und im östlichen Teil Sachsens (Oberlausitz) lebt. Früher nannte man sie auch „Wenden"; sie selbst bezeichnen sich als „Serbja" oder „Serbya". Zu den Sorben zählen sich heute noch rund 100000 Bewohner dieses Gebietes, von denen noch etwa 60000 die sorbische Sprache beherrschen.

Schon in der Zeit Karls des Großen (um 800 n. Chr.) lebten die Sorben hier. Sie wurden in den folgenden Jahrhunderten christianisiert, und viele von ihnen wechselten in der Reformationszeit zum evangelischen Glauben über, so daß es auch heute noch katholische und evangelische Sorben gibt.

---

* Der Name des sorbischen Zauberers Krabat wird unterschiedlich ausgesprochen: Teilweise wird er auf der ersten, teilweise auf der zweiten Silbe betont; im Sorbischen allerdings immer auf der ersten.

Über die vielen Jahrhunderte hinweg haben die Sorben ihre sprachliche und kulturelle Eigenart bewahrt. Um das auch im 20. Jahrhundert erfolgreich zu tun, gründeten sie 1912 eine eigene Organisation, die „Domowina", die sich die Pflege und den Erhalt alles Sorbischen zur Aufgabe gemacht hat. In der Zeit des Nationalsozialismus versuchte die damalige Reichsregierung, derartige Bestrebungen zu unterdrücken. Sie verbot die „Domowina" und ihre Einrichtungen sowie den Gebrauch der sorbischen Sprache. Zahlreiche sorbische Persönlichkeiten, die sich dem widersetzten, wurden verfolgt und inhaftiert.

Nach dem Zweiten Weltkrieg förderte die DDR-Regierung die Eigenständigkeit der sorbischen Minderheit auf kulturellem, schulischem und wissenschaftlichem Gebiet. Im Artikel 11 der DDR-Verfassung war das ausdrücklich festgelegt. Allerdings versuchte die DDR-Regierung die „Domowina" für ihre Zwecke zu mißbrauchen, um ihre Politik in der sorbischen Bevölkerung durchzusetzen.

Seit der Wiedervereinigung Deutschlands 1990 bemüht sich die Bundesregierung zusammen mit den Landesregierungen von Brandenburg und Sachsen u. a. durch die „Stiftung für das sorbische Volk" (1991), die sorbische Kultur, Kunst und Sprache durch Bildungs- und Wissenschaftseinrichtungen zu erhalten und zu fördern. Bautzen gilt heute als das Zentrum der sorbischen Kultur. Hier befinden sich das „Haus der Sorben", der Domowina-Verlag, das Institut für sorbische Volksforschung, das sorbische Volkstheater und das Museum für sorbische Geschichte und Kultur.

Als eine Besonderheit dieser sorbischen Kultur gilt die Tracht, bei der die übergroße Haube sofort ins Auge fällt. Sie wird heute noch zwischen Bautzen und Kamenz, um Hoyerswerda, um Cottbus und im Spreewald getragen. Sorbische Musikinstrumente sind die „Gasle", ein Zupfgeigeninstrument, der „Kozo", ein Dudelsack mit einfachem Lederbalg, und die „Tarakawa", eine Art Oboe mit 134 Löchern und vier Klappen. Die intensive Pflege vieler Volksbräuche wie das Osterreiten, die Ostereierbemalung

und die Fastnachtsmaskerade trägt ebenfalls zur Pflege des Sorbischen bei. Das wichtigste Fest der Sorben ist die Vogelhochzeit, die am 25. Januar mit einem Vogelhochzeitstisch gefeiert wird, einem Tisch, der wie ein Weihnachtstisch gedeckt ist.

Das sorbische/wendische Siedlungsgebiet

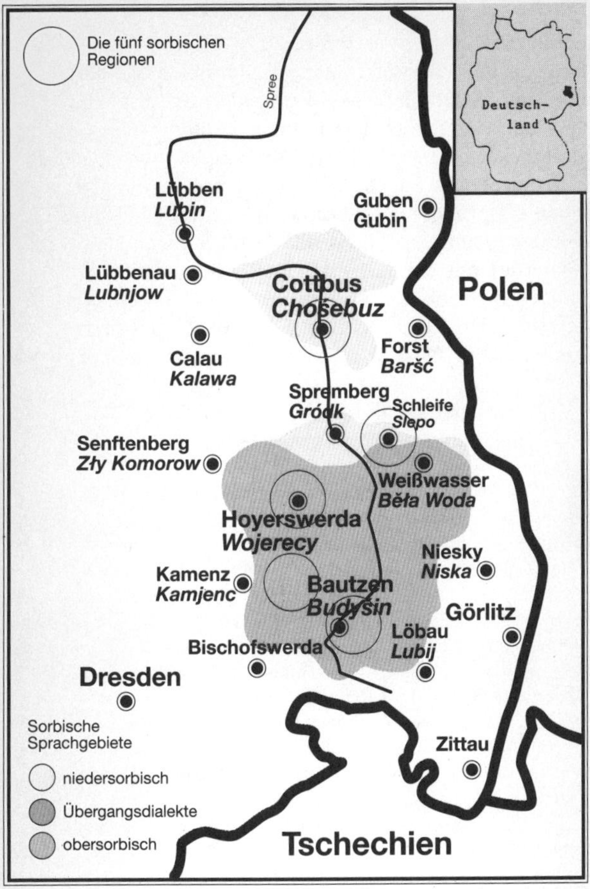

4. Die Krabat-Sage

Die Krabat-Sage ist in ihrer heutigen Form eine noch gar nicht so alte sorbische Sage, die in vielen Versionen seit dem 18. Jahrhundert mündlich und seit dem 19. Jahrhundert auch schriftlich Verbreitung gefunden hat. Bei der Krabat-Sage handelt es sich ursprünglich um sogenannte frei schwebende Sagen- und Mythenmotive, die wohl sorbischen Ursprungs sind. Diese wurden im 18. Jahrhundert in der Umgebung der Gemeinde Groß-Särchen (Kreis Hoyerswerda) mit der historischen Persönlichkeit des kroatischen Reiterobristen Johann Schadewitz (auch: Jan Schadowitz) verbunden. Der Name „Krabat" leitet sich vermutlich von dem Wort „Kroat" ab, das im Sorbischen „chorwat" lautet.

Das wird belegt durch die „Chronik von Wittichenau und Umgebung" aus dem Jahre 1848:

„1704, am 29. Mai starb in Groß-Särchen der ausgediente Heeresoberst Jan Schadowitz, 80 Jahre alt, in Agram (Zagreb) in Kroatien geboren, und er wurde in der Pfarrkirche von Wittichenau begraben. Der sächsische Kurfürst August d. Starke, der 1695 als höchster General das kaiserliche Heer gegen die Türken führte, hatte dem kroatischen Oberst aus Dankbarkeit das Gut in Groß-Särchen auf Lebenszeit geschenkt, weil er einstmals mit seinen Reitern den Kurfürsten aus feindlicher türkischer Hand befreit hatte. Der Volksmund nennt diesen kroatischen Oberst Krabat und hält ihn für einen Zauberer. Man erzählt: Krabat hat im Pfarrhaus von Wittichenau eine Handvoll Hafer in den Ofentopf geworfen, und ein Regiment Soldaten marschierte aus ihm auf den Pfarrhof. Krabat ist zum Mittagessen beim Kurfürsten von Särchen nach Dresden durch die Luft gefahren und hat dabei in Kamenz die obere Eisenspitze des Turmes verbogen; nach Krabats Tod warf man sein Zauberbuch in den Fluß, und das Wasser schäumte und rumorte, als habe es aus dem Flußbett springen wollen. Von solchen Märchen steht allerdings nichts in den Wittichenauer Sterberegistern."

Die Schauplätze der Krabat-Sage

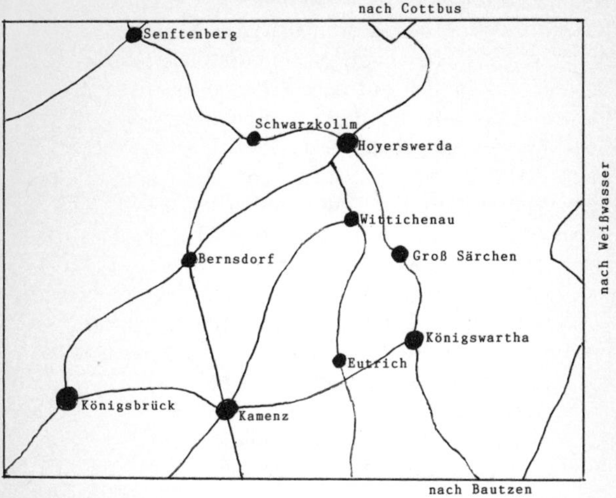

Krabat, der Hexenmeister

Einst lebte in Eutrich bei Königswartha ein armer Junge, der die Tiere hütete. Das war Krabat. Seine Eltern wohnten in einer niedrigen Hütte. Hatten sie nicht genug zu essen, ging Krabat betteln.

Auf einem solchen Gange kam Krabat eines Tages nach Schwarzkollm. Dort hauste der Teufelsmüller in seiner Mühle. Krabat kam zu ihm und lernte mit elf anderen Burschen nicht nur das Müllerhandwerk, sondern auch das Hexen, die Zauberei, die schwarze Kunst. Als aber die Zeit seiner Lehre zu Ende ging und als die Gefahr bestand, daß er dem Satan für immer verschrieben werden könnte, erbat er sich Urlaub. Es kam nach Eutrich zurück und vereinbarte mit der Mutter genau, wie sie ihn retten sollte. Dann ging er wieder nach Schwarzkollm und hoffte auf die Mutter.

Einige Tage darauf kam die Mutter zum Teufelsmüller und bat ihn, den Jungen freizugeben. „Meinetwegen“, sagte der Müller, „aber nur, wenn ihr ihn ohne meine Hilfe aus den Zwölfen herausfindet“. Er führte die Mutter in eine Kammer. Dort saßen die zwölf Burschen, die der Müller rasch in zwölf Raben verwandelt hatte. Sie saßen auf einer Stange. „Nun“, befahl er, „sucht euren Sohn heraus!“ Die Raben zupften sich mit dem Schnabel unter dem linken Flügel. Einer aber zupfte sich unter dem rechten Flügel. Die Mutter wies auf ihn und sagte, dies sei ihr Sohn. So kam Krabat durch seine Mutter frei; denn über die Liebe einer Mutter hatte der Teufelsmüller keine Gewalt.

Nun war Krabat wieder in Eutrich. Aber es herrschte die alte Not im Elternhause. Da verwandelte sich Krabat in einen Ochsen; und der Vater mußte ihn nach Wittichenau auf den Tiermarkt führen und verkaufen. Kamenzer Händler erwarben das stattliche Tier. Der Vater ging vergnügt mit dem schönen Gelde heim. Als die Händler aber auf dem Heimwege in einem Gasthaus rasteten, stellten sie den Ochsen in den Stall und befahlen der Magd, sie möge ihm Heu geben. Die Magd tat, wie die Gäste es heischten*. Der Ochse aber sprach, Heu esse er nicht, er liebe einen saftigen Braten. Die Magd rannte in die Gaststube und erzählte, der Ochse habe geredet. Die Händler glaubten es nicht und wollten sich selbst überzeugen. Als sie die Stalltür öffneten, flog eine Schwalbe davon; von dem Ochsen jedoch war nichts mehr zu sehen.

Krabat trat nun überall als Hexenmeister auf. Er bewirtete als Koch Augusts des Starken die Gäste mit Fröschen und Regenwürmern. Er vollbrachte kühne Taten in den schlimmen Türkenkriegen und rettete August dem Starken dabei das Leben. Zum Lohne schenkte ihm dieser das Kammergut Großsärchen bei Hoyerswerda.

Später fand Krabat keine Freude mehr an seinen Zaubertaten. Er ging aufs Feld unf pflügte seinen Acker. Sümpfe verwandelte er in trockenes Land, auf dürre Felder ließ er es regnen, und die Eisklümpchen des Hagels wurden unter seiner Gewalt zu leichten Federchen. Arme fanden bei ihm Hilfe.

---

* wünschen

Als Krabat zum Sterben kam, ließ er sein Zauberbuch in einem Teiche versenken. Im Gasthofe zu Großsärchen lag er auf den Tod darnieder. „Habt acht", sagte er zu denen, die an seinem Lager standen, „ob nach meinem letzten Atemzuge ein weißer Schwan oder ein schwarzer Rabe auf dem Firste des Daches sitzt."

Als Krabat gestorben war, saß ein weißer Schwan auf dem Dache. Seitdem heißt dieser Gasthof „Zum weißen Schwan". Krabat war nicht dem Teufel zum Opfer gefallen; denn er hatte am Ende seines Lebens Gutes getan und hatte das Glück der Arbeit gesucht.

5. Die „Schwarze Mühle"

Die „Schwarze Mühle" ist eine Wassermühle. Sie steht mitten in einem Sumpfwald, dem „Schwarzen Wald", und der „Schwarze Kolm", ein „tintenschwarzer" Bach, treibt das große Mühlrad. Die folgenden Bilder und Zeichnungen zeigen, wie eine solche Wassermühle von außen und von innen aussieht und wie sie angetrieben wird.

Wie funktioniert eine Wassermühle?

Wasser hat Kraft!

Noch steht das Wasserrad still, weil die Klappe in der Wasserrinne geschlossen ist.

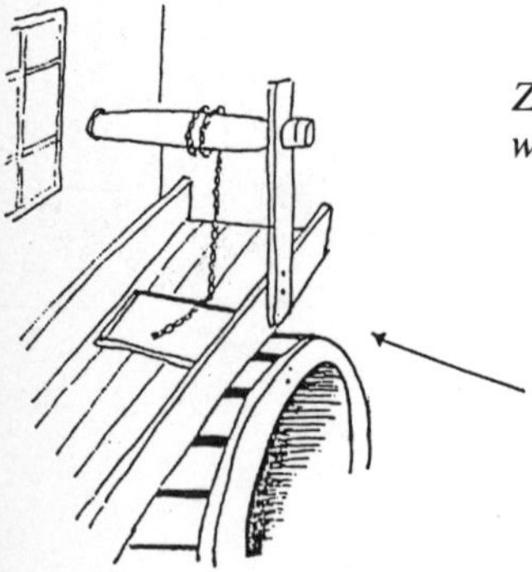

Zeichne genau ein, wo das Wasser fließt.

Jetzt hat drinnen jemand am Hebel gedreht und die Mühle angestellt. Die Klappe ist offen!

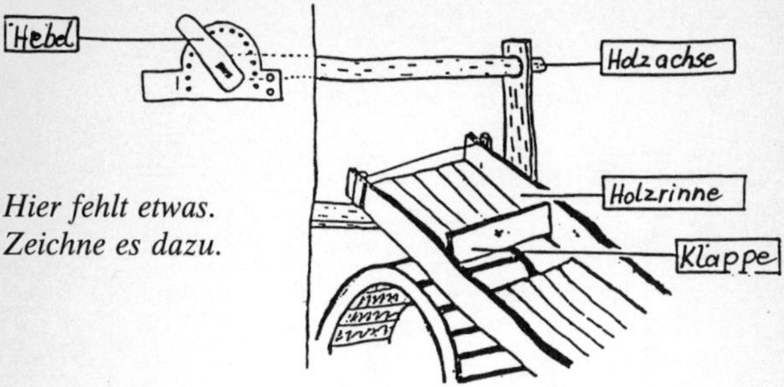

Hier fehlt etwas.
Zeichne es dazu.

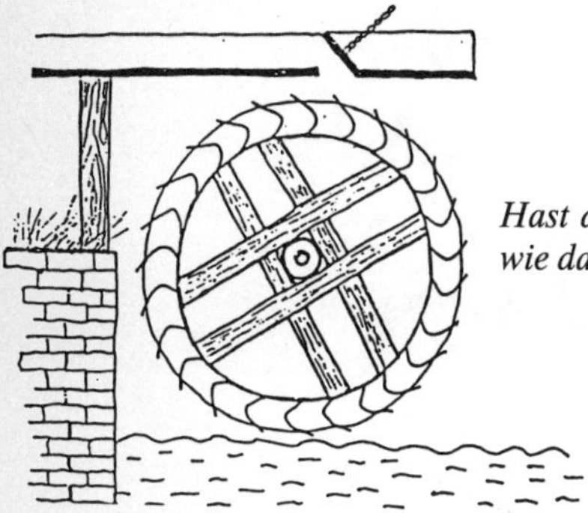

Hast du beobachtet,
wie das Wasser jetzt fließt?

Zeichne genau ein, welche Schaufeln voll Wasser sind.

Wenn sich draußen das große Wasserrad dreht, drehen sich auch drinnen die Läufersteine.

Überlege, warum.

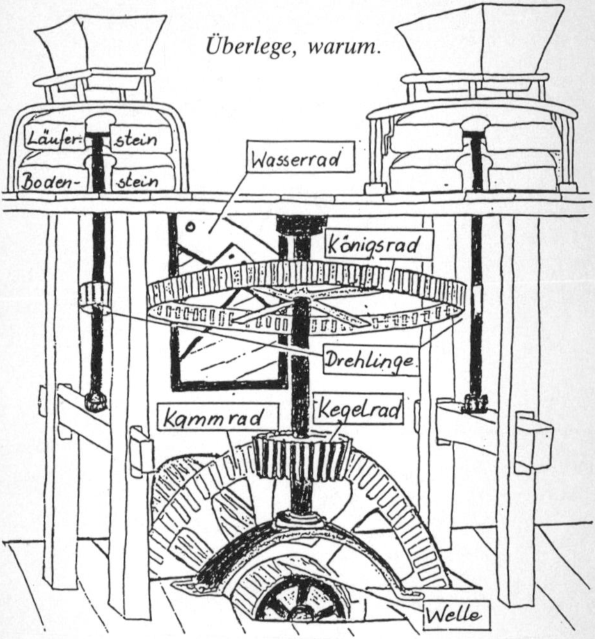

Zeichne mit bunten Pfeilen ein, in welche Richtung sich die Räder drehen.
(1 Wasserrad, 1 Welle, 5 Zahnräder, 2 Läufersteine)
Fange mit dem Wasserrad vorm Fenster an.

An diesem Getriebe stimmt etwas nicht.
Entdeckst du den Fehler?

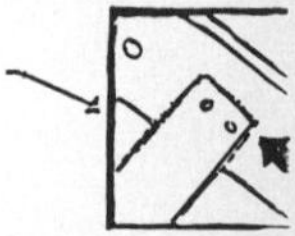

... Futtergetreide für Tiere

... Getreide für Brot und Kuchen

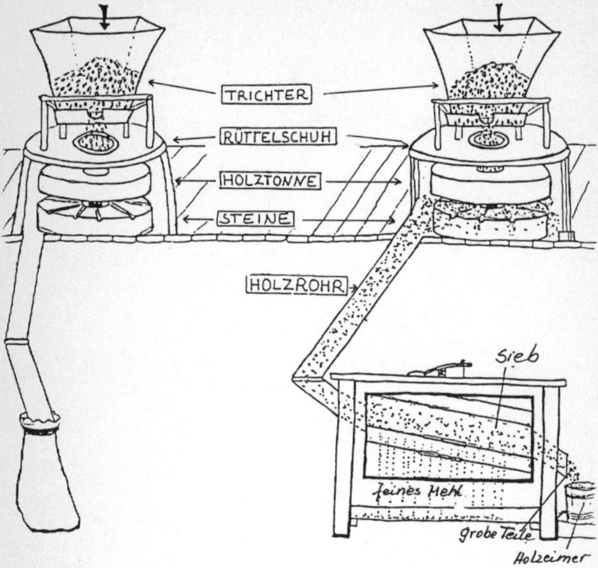

Gebrauchsanweisung

Man schütte ...

Zauber-
buch
in Wort
und Bild

6. Krabats Zauberei

„Die Schwarze Mühle" ist ein Buch des Wissens und der Zauberei. In der großen Truhe, die sieben Schlösser hat und die ein riesiger Wolf, der Müller, bewacht, stecken die sieben Bücher des Wissens und der Macht.

Um dem Müller zu schaden, ihn letztlich zu überwinden, muß Krabat das Zaubern lernen. Er kann Menschen in Tiere verwandeln, er kann sich selbst verwandeln. Die Zaubersprüche, die er lernen muß, sind eine uralte literarische Gattung. Zaubersprüche sind geprägt durch Parallelismus, Alliteration, Reime, formelhafte Sprache. Am Anfang oder am Ende steht die eigentliche Beschwörungsformel. Oft werden die Zaubersprüche begleitet durch rituelle Gesten, Handlungen oder Bildzauber.

Die folgenden Zaubersprüche und Bildzauber sollen euch anregen, eigene Zaubersprüche zu erfinden oder zu den Zaubersprüchen neue Episoden von Krabat zu erzählen.

der erste ist weiß,
der zweite ist blau,
der dritte ist rot.
In einer Viertelstunde
sind sie tot.

Wenn man en Pierd lahm maken will, dann mööt man'n Hufnagel nähmen von dat Pierd, dat de Afdecker uppe Karr hett un dat anner Pierd heimlich nachgahn un in de Spoor stillswiegend den Nagel stäken.

Wenn man von einer Blitzeiche Splitter in die Fußspur steckt, so wird der Betreffende blind.

Wenn dir was gestohlen ist, so mache an dem Ort, wo der Diebstahl gelegen, dieses folgende Gesicht; kauf vor ungerate Geld Stecknadeln. Wie sie geboten, so müssen sie bezahlt werden. Und schlage also 7 Stecknadeln in jedes Auge, so wird sichs her nach wiederum zeigen.

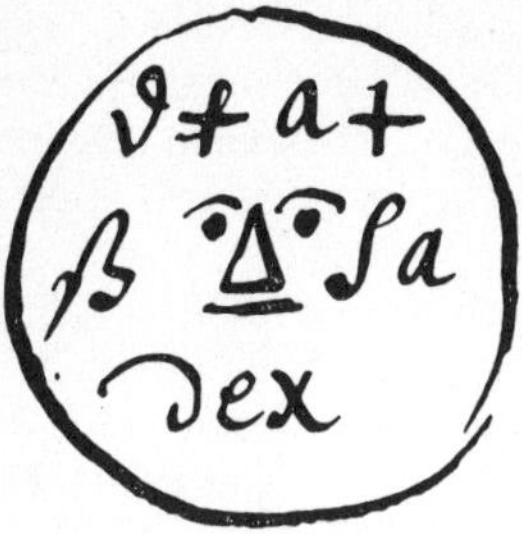

7. Jurij Brĕzans „Die Schwarze Mühle“ und Otfried Preußlers „Krabat“ – ein Vergleich

Brĕzans Jugendbuch „Die Schwarze Mühle“ erschien 1968, Preußlers „Krabat“ 1971. Beide gehen auf die Krabat-Sage zurück, aber beide behandeln den Sagenstoff sehr unterschiedlich, so daß sich ein Vergleich lohnt.

Dieser Vergleich kann sich einmal auf den gesamten Inhalt beziehen, um allgemeine Unterschiede deutlich zu machen. Die im folgenden abgedruckte Inhaltsangabe des „Krabat“ von Preußler bietet dazu die notwendigen Informationen. Zum anderen ist es lohnend, die Schlußteile beider Jugendbücher miteinander zu vergleichen, weil darin die Absicht beider Autoren besonders gut erkennbar ist. Aus diesem Grunde haben wir das letzte Kapitel aus Preußlers „Krabat“ hier für euch abgedruckt. Eine zusätzliche Hilfe hierfür bietet zudem der Text „Krabat – eine Sagengestalt wird wiederentdeckt“ von Jurij Brĕzan (S. 92).

Inhaltsangabe zu Preußlers „Krabat“

Krabat, ein 14jähriger wendischer Bauernjunge in der Lausitz, folgt einem Traum, den er mehrmals in den Rauhnächten hat, und verdingt sich in einer einsamen Mühle. Auf Grund sonderbarer Vorfälle wird ihm bald klar, daß er in eine Schwarze Schule geraten ist. Doch der Junge ist froh, daß er endlich wieder ein Dach über dem Kopf hat und genügend zu essen bekommt. Der Altgeselle Tonda kümmert sich um Krabat und erleichtert ihm das Eingewöhnen.

Bald nimmt auch Krabat an den nächtlichen Unterweisungen im Zaubern teil. Er wird rasch ein Musterschüler; die Macht der Zauberei verlockt ihn.

Die Mühlknappen sind völlig in der Hand ihres „Meisters“, der seinerseits durch einen Vertrag unter dem Druck des „Herrn Gevatter“ steht: In der letzten Nacht eines jeden Jahres muß ein Knappe sterben. Der Meister sucht sich dazu jeweils den klügsten Knappen aus, von dem er Auflehnung befürchtet. Auf diese Weise verliert Krabat seine Freunde Tonda und Michal.

In einer Osternacht, in der Krabat durch das Ritual des Drudenfußes in die Geheime Bruderschaft aufgenommen wird, hört er in der Ferne die jungen Mädchen des nahen Dorfes Osterlieder singen. Die Stimme der Kantorka, der Vorsängerin, fällt ihm besonders auf und fesselt ihn. Der Gedanke an die Kantorka gibt ihm Trost, aber auch die Kraft, den Versuch zu wagen, den Zauberkreis der Schwarzen Magie zu durchbrechen.

Der Meister, der das spürt, möchte Krabat für sich gewinnen. Doch Krabat schlägt alle seine Angebote aus. Dadurch gerät er in Lebensgefahr.

Juro, ein Mitknappe, der sich stets dumm stellt, verrät Krabat, daß nur ein Mädchen ihn unter Einsatz des eigenen Lebens vom „Meister“ losbitten kann. Die Kantorka will dieses Wagnis auf sich nehmen. Davon erzählt das letzte Kapitel in Preußlers „Krabat“:

Otfried Preußler: Zwischen den Jahren

Das war eine harte Woche für Krabat, er fühlte sich in die Zeit seines Anfanges auf der Mühle zurückversetzt. Jeder Maltersack, der fünf Metzen wog, wog fünf Metzen, die wollten geschleppt sein: vom Speicher zur Mahlstube, von der Mahlstube auf den Speicher. Krabat blieb nichts erspart, seit er nicht mehr zaubern konnte: kein Schweißtropfen, keine Schwiele.

Abends sank er erschöpft auf den Strohsack. Er konnte nicht einschlafen, viele Stunden nicht. Wer zaubern kann, braucht nur die Augen zu schließen, er spricht eine Formel, dann schläft er schon, tief und fest, und so lang, wie er sich das vornimmt.

„Mag sein“, dachte Krabat, „daß ich die Fähigkeit, mich in Schlaf zu versetzen, am meisten von allem vermissen werde.“

Wenn er nach langem Wachliegen endlich einschlief, quälten ihn böse Träume: die kamen gewiß nicht von ungefähr. Er konnte sich an zwei Fingern ausrechnen, wer sie ihn träumen ließ.

Krabat, in abgerissenen Kleidern, plagt sich mit einem Karren voll Steine ab, den er mühsam bei glühender Sommerhitze an einem Strick über Land zieht. Es dürstet ihn, seine Kehle ist ausgedörrt. Nirgends ein Brunnen, und nirgends ein Baum, der ihm Schatten spendet.

Verdammter Karren!

Er muß ihn zu Ochsenblaschke nach Kamenz bringen, für einen Hungerlohn. Doch der Mensch muß von etwas leben, und seit er den Unfall hatte – in Gerbisdorf war das, da ist er ins Mahlwerk geraten, das hat ihm den rechten Arm bis zum Ellbogen abgequetscht; seither muß Krabat froh sein um jede Arbeit, die jemand wie Ochsenblaschke ihm zukommen läßt.

Und so schleppt er sich mit dem Karren voll Steine dahin, und er hört, wie er denkt – mit der heiseren Stimme des Meisters hört er sich denken: „Wie behagt dir das Leben als Krüppel, Krabat? Du hättest es einfacher haben können und besser, wenn du auf mich gehört hättest, als ich dich fragte, ob du mein Nachfolger werden wolltest im Koselbruch! Würdest du, wenn du heute die Wahl hättest, wieder nein sagen?“

Nacht für Nacht träumte Krabat, daß ihn ein ähnliches Schicksal ereilt habe. Er war alt oder krank, er saß unschuldig hinter Kerkermauern, man hatte ihn zur Armee gepreßt, er lag auf den Tod verwundet in einem Kornfeld und mußte zusehen, wie sich die niedergebrochenen Halme röteten von dem Blut, das aus seinen Wunden rann. Und am Schluß dieser Träume hörte er jedesmal, wie er sich mit der Stimme des Meisters fragte: „Würdest du wieder nein sagen, Krabat, wenn ich dich vor die Wahl stellte, ob du mein Nachfolger werden willst auf der Mühle im Koselbruch?“

Der Meister erschien ihm nur einmal leibhaftig im Traum, das geschah in der letzten Nacht vor Ablauf der Frist, die er ihm gesetzt hatte.

Juro zuliebe hat Krabat sich in ein Pferd verwandelt. Der Meister, gekleidet als polnischer Edelmann, hat ihn für hundert Gulden in Wittichenau auf dem Markt erstanden samt Sattel und Halfter: nun ist ihm der Rappe ausgeliefert.

Erbarmungslos jagt der Meister ihn kreuz und quer durch die Heide, es geht über Stock und Stein, über Hecken und Wassergräben, durch Dornengestrüpp und Morast.

„Gedenke, daß ich der Meister bin!“

Blindlings zieht ihm der Müller die Peitsche über, er stößt ihm die Sporen ins Fleisch. Blut fließt aus Krabats Flanken, er spürt, wie es warm an der Innenseite der Schenkel hinabrinnt.

„Dir werd ich's zeigen!“

Linksgalopp,Rechtsgalopp – und dann stracks auf das nächste Dorf zu. Ein Ruck an den Zügeln, sie halten vor einer Schmiede.

„He, Grobschmied – wo steckt Er, zum Teufel!“

Der Schmied kommt herbeigerannt, wischt sich am Schurzfell die Hände ab, fragt, was der Herr befehle. Der Meister springt aus dem Sattel. „Beschlag Er mir“, sagt er, „den Rappen mit glühenden Eisen.“

Der Schmied glaubt nicht recht zu hören.

„Mit – glühenden Eisen, Herr?“

„Muß man Ihm alles zweimal sagen? Ich soll Ihm wohl Beine machen!“

„Barto!“ Der Schmied ruft nach seinem Lehrjungen. „Nimm die Zügel, und halte dem gnädigen Herrn das Pferd!“

Der Schmiedejunge, ein sommersprossiger Knirps, könnte Loboschs Bruder sein.

„Nimm Er die schwersten Eisen", verlangt der Müller, „die Er auf Vorrat hat! Zeig Er mir Seine Auswahl!"

Der Schmied führt ihn in die Werkstatt, während der Junge den Rappen festhält und ihm auf wendisch zuspricht: „Ruhig, mein Pferdchen, ruhig – du zitterst ja."

Krabat reibt seinen Kopf an der Schulter des Jungen. „Wenn ich den Halfter los wäre", denkt er, „dann könnte ich den Versuch machen, mich zu retten ..."

Der Junge merkt, daß der Rappe wund ist, am linken Ohr hat der Riemen ihn aufgescheuert. „Warte mal", sagt er, „da muß ich die Schnalle ein wenig lockern, das haben wir gleich." Er lockert die Schnalle, dann nimmt er dem Rappen den Halfter ab.

Krabat, sobald er des Halfters ledig ist, wird zum Raben. Krächzend erhebt er sich in die Lüfte und hält auf Schwarzkollm zu.

Im Dorf scheint die Sonne. Zu seinen Füßen sieht er die Kantorka, wie sie unweit des Brunnens steht, eine Strohschüssel in der Hand, und die Hühner füttert – da streift ihn ein Schatten, der Schrei eines Habichts gellt ihm ins Ohr. „Der Meister!" durchzuckt es Krabat.

Pfeilschnell, die Flügel angelegt, stürzt er sich in den Brunnen und nimmt die Gestalt eines Fisches an. Ist er gerettet? Zu spät wird ihm klar, daß er sich gefangen hat, daß es keinen Ausweg gibt. „Kantorka!" denkt er mit aller Inbrunst, deren er fähig ist. „Hilf mir heraus da!"

Das Mädchen taucht ihre Hand in den Brunnen hinab, da wird Krabat zu einem schmalen Goldreif an ihrem Finger: so kehrt er zurück an die Oberwelt.

Am Brunnen steht, wie vom Himmel gefallen, ein polnisch gekleideter Edelmann, einäugig ist er, er trägt einen roten, silberverschnürten Reitrock mit schwarzen Tressen.

„Kann Sie mir sagen, Jungfer, woher Sie den feinen Ring hat? Laß Sie ihn mich mal sehen ..." Schon streckt er die Hand nach dem Ring aus, schon greift er danach.

Krabat verwandelt sich in ein Gerstenkorn. Er entgleitet der Kantorka, fällt in die Strohschüssel. Mit dem nächsten Wurf streut das Mädchen ihn unter das Hühnervolk.

Der Rotrock ist plötzlich verschwunden. Ein pechschwarzer fremder Gockel, einäugig, pickt nach den Körnern – doch Krabat ist schneller als er: seinen Vorteil wahrnehmend, wird er zu einem Fuchs. Blitzschnell stürzt er sich auf den Schwarzen und beißt ihm den Hals durch.

Es knirscht wie von Häcksel und Stroh zwischen seinen Zähnen. Wie Stroh knirscht es zwischen Krabats Zähnen, wie Häckerling.

Als Krabat erwachte, war er in Schweiß gebadet. Er hatte sich in den Strohsack verbissen, er keuchte, es dauerte eine Weile, bis er zur Ruhe kam.

Daß er den Meister im Traum überwunden hatte, nahm er als gutes Omen. Von jetzt an war er sich seiner Sache vollkommen sicher. Die Tage des Meisters, das glaubte er nun zu wissen, waren gezählt. Er, Krabat, würde dem Treiben des Müllers ein Ende setzen: ihm war es bestimmt, seine Macht zu brechen.

Am Abend begab er sich in die Meisterstube. „Es bleibt dabei!“ rief er. „Mach du zu deinem Nachfolger, wen du magst. Ich, Krabat, weigere mich, auf dein Angebot einzugehen.“

Der Meister nahm seine Worte gelassen hin. „Geh in den Holzschuppen“, sagte er, „und versieh dich mit Hacke und Spaten. Im Koselbruch gibt es ein Grab zu schaufeln – das soll deine letzte Arbeit sein.“

Krabat erwiderte nichts darauf, machte kehrt und verließ die Stube. Als er zum Schuppen kam, löste sich eine Gestalt aus dem Schatten.

„Ich habe auf dich gewartet, Krabat. Soll ich dem Mädchen Bescheid sagen?“

Krabat zog aus der Brusttasche seines Kittels den Ring von Haar hervor. „Sage ihr“, bat er Juro, „daß ich ihr Botschaft sende durch dich. Und sie möge sich morgen, am letzten Abend des Jahres, beim Müller einfinden und mich freibitten, wie es besprochen ist.“

Er beschrieb ihm das Haus, wo sie wohnte.

„Wenn du ihr“, fuhr er fort, „den Ring zeigst, wird sie daraus ersehen, daß du in meinem Auftrag kommst. Und vergiß nicht, sie wissen zu lassen, daß es ihr freisteht, ob sie den Gang in den Koselbruch antreten will. Wenn sie kommt, ist es gut – und wenn nicht, ist es auch gut: dann soll es mir gleichgültig sein, was mit mir geschieht.“

Er gab Juro den Ring und umarmte ihn.

„Du versprichst mir, es recht zu machen? Und daß du die Kantorka nicht überreden wirst, etwas zu tun, was sie lieber nicht täte?“

„Das verspreche ich“, sagte Juro.

Ein Rabe, im Schnabel den Ring von Haar, trat den Flug nach Schwarzkollm an. Krabat ging in den Schuppen. Stand da ein Sarg in der Ecke? Er schulterte Hacke und Spaten, dann stapfte er durch den Schnee in den Koselbruch, bis er zum Wüsten Plan kam.

Er fand eine Stelle, die sich als dunkles Geviert von der weißen Umgebung abhob.

War sie für ihn bestimmt – oder war es das Grab des Meisters, den sie bezeichnete?

„Morgen um diese Zeit“, dachte Krabat, den Spaten ansetzend, „wird das alles entschieden sein“.

Anderntags nach dem Frühstück nahm Juro den Freund beiseite und gab ihm den Ring zurück. Er habe das Mädchen gesprochen, alles sei abgemacht.

Gegen Abend, es wollte schon dunkeln, fand sich die Kantorka auf der Mühle ein, in der Abendmahlstracht mit dem weißen Stirnband. Hanzo empfing sie und fragte nach ihrem Begehr, sie verlangte den Müller zu sprechen.

„Der Müller bin ich.“

Die Burschen beiseiteschiebend, trat ihr der Meister entgegen, in schwarzem Mantel und Dreispitz, bleich im Gesicht, wie mit Kalk bestrichen. „Was willst du?“

Die Kantorka blickte ihn furchtlos an.

„Gib mir“, begehrte sie, „meinen Burschen heraus!“

„Deinen Burschen?“ Der Müller lachte. Es hörte sich an wie ein böses Meckern, ein Bocksgelächter. „Ich kenne ihn nicht.“

„Es ist Krabat“, sagte die Kantorka, „den ich liebhabe.“

„Krabat?“ Der Meister versuchte sie einzuschüchtern. „Kennst du ihn überhaupt? Bist du fähig, ihn unter den Burschen herauszufinden?“

„Ich kenne ihn“, sagte die Kantorka.

„Das kann jede sagen!“

Der Meister wandte sich den Gesellen zu.

„Geht in die Schwarze Kammer und stellt euch in einer Reihe auf, nebeneinander, und rührt euch nicht!“

Krabat erwartete, daß sie sich nun in Raben verwandeln müßten. Er stand zwischen Andrusch und Staschko.

„Bleibt, wo ihr seid – und daß keiner mir einen Mucks macht! Auch du nicht, Krabat! Beim ersten Laut, den ich von dir höre, stirbt sie!“

Der Meister zog aus der Manteltasche ein schwarzes Tuch, das band er der Kantorka vor die Augen, dann führte er sie herein.

„Wenn du mir deinen Burschen zeigen kannst, darfst du ihn mitnehmen.“

Krabat erschrak, damit hatte er nicht gerechnet. Wie sollte er nun dem Mädchen helfen? Da nützte ihm auch der Ring von Haar nichts!

Die Kantorka schritt die Reihe der Burschen ab, einmal und zweimal. Krabat vermochte sich kaum auf den Beinen zu halten. Sein Leben, das spürte er, war verwirkt. Und das Leben der Kantorka!

Angst übermannte ihn – Angst, wie er nie zuvor sie gespürt hatte. „Ich bin schuld, daß sie sterben muß“, ging es ihm durch den Kopf. „Ich bin schuld daran . . .“

Da geschah es.

Die Kantorka, dreimal war sie die Reihe der Burschen entlanggeschritten, streckte die Hand aus und zeigte auf Krabat.

„Der ist es“, sagte sie.

„Bist du sicher?“

„Ja.“

Damit war alles entschieden.

Sie knüpfte das Tuch von den Augen, dann trat sie auf Krabat zu.

„Du bist frei.“

Der Meister taumelte gegen die Wand zurück. Die Burschen standen an ihren Plätzen, zu Eis erstarrt.

„Holt eure Sachen vom Boden – und geht nach Schwarzkollm!“ sagte Juro. „Ihr könnt in der Scholtisei auf dem Heuboden übernachten.“

Da schlichen die Mühlknappen aus der Kammer.

Der Meister, sie wußten es alle, würde den Neujahrstag nicht erleben. Um Mitternacht mußte er sterben, dann würde die Mühle in Flammen aufgehen.

Merten mit seinem schiefen Hals drückte Krabat die Hand. „Nun sind Michal und Tonda gerächt – und die anderen auch."

Krabat war außerstande, ein Wort zu sagen: er war wie versteinert. Da legte die Kantorka ihm den Arm um die Schulter und hüllte ihn in ihr wollenes Umtuch ein. Warm war es, weich und warm, wie ein Schutzmantel.

„Gehen wir, Krabat."

Er ließ sich von ihr aus der Mühle führen, sie führte ihn durch den Koselbruch nach Schwarzkollm hinüber.

„Wie hast du mich", fragte er, als sie die Lichter des Dorfes zwischen den Stämmen aufblinken sahen, hier eines, da eins – „wie hast du mich unter den Mitgesellen herausgefunden?"

„Ich habe gespürt, daß du Angst hattest", sagte sie, „Angst um mich: daran habe ich dich erkannt."

Während sie auf die Häuser zuschritten, fing es zu schneien an, leicht und in feinen Flocken, wie Mehl, das aus einem großen Sieb auf sie niederfiel.

Text- und Bildquellenverzeichnis

S. 92: Jurij Brězan: Krabat – eine Sagengestalt wird wiederentdeckt. Aus: Jurij Brězan: Herkunft und Standort. Verlag Domowina, Bautzen 1981 (Titel nicht original)

S. 93: Foto: Hella Schreiber. Verlag Neues Leben, Berlin

S. 96 und 97: Aus: Kleine Information zu den Sorben/Wenden in Deutschland. Sorbische Kulturinformation am Haus für sorbische Volkskultur (Hrsg.), Bautzen 1994. Foto: Rainer Weisflog, Cottbus; Landkarte: Iris Brankatschk

S. 98: Chronik von Wittichenau und Umgebung. Aus: Marie-Luise Ehrhardt: Die Krabat-Sage. Quellenkundliche Untersuchung zu Überlieferung und Wirkung eines literarischen Stoffes aus der Lausitz. N. G. Elwert Verlag, Marburg 1982, S. 86

S. 99: Krabat, der Hexenmeister. Aus: Erich Klausnitzer/Rudolf Warnecke: Budissinische Sagen. Lausitzer Druckhaus, Bautzen 1991, S. 151–153

S. 101: Foto: Bavaria Bildagentur, Gauting

S. 102ff.: Wie funktioniert eine Wassermühle? Materialien Museumspädagogik. Wilhelm-Busch-Mühle, Mühlengasse 8, 37136 Ebergötzen (Entwurf und Bearbeitung: Carla Rump, Graphische Gestaltung: Reinhard Brandt)

S. 108: Aus: Kurt Kehr/John Stewart: Deutsche Zaubersprüche in Virginia und West-Virginia (USA), in: Hessische Blätter für Volks- und Kulturforschung Bd. 14/15, Gießen 1982/83, S. 31–50

S. 109: Aus: Adolf Spamer: Romanusbüchlein. Historisch-philologischer Kommentar zu einem deutschen Zauberbuch. Aus seinem Nachlaß bearbeitet von Johanna Nickel. Akademie-Verlag, Berlin 1958

S. 111: Otfried Preußler: Krabat – Zwischen den Jahren. Aus: Otfried Preußler: Krabat. © K. Thienemanns Verlag, Stuttgart – Wien

Alle übrigen Texte stammen vom Heftbearbeiter.

Folgende Lesehefte empfehlen wir für die Klassenstufe 7/8:

Abenteuergeschichten
Klettbuch 26164

„Am Anfang müssen Geigen sein“
Klettbuch 26178

Auf der Suche nach Bethlehem
Texte zum Thema Weihnachten
Klettbuch 26158

Bayer, Ingeborg: Yamba
Klettbuch 26101

„Es lebe der Sport ...?!“
Texte zu einem beliebten Thema
Klettbuch 26146

David, Kurt: Antennenaugust
Klettbuch 26113

Dickens, Charles: Oliver Twist
Gekürzte Schulausgabe
Klettbuch 26148

Festhalten – Abspringen
Originalbeiträge von Jugendbuchpreisträgern zum Thema Erwachsenwerden
Klettbuch 26166

Hauff, Wilhelm: Das kalte Herz
Klettbuch 26195

„Jede Minute haut einer ab“
Texte zum Thema „Fahrerflucht“ von Alfred Andersch u. a.
Klettbuch 26139
Hörspielkassette dazu:
Klettnummer 76107

Kinder anderswo
Texte zum Thema „Kinderalltag in der Dritten Welt“
Klettbuch 26187

Kürzestgeschichten
Klettbuch 26107

Kerr, Judith: Als Hitler das rosa Kaninchen stahl
Klettbuch 26071

Martin, Hansjörg: Bewölkte Vergangenheit
Eine Kindheit im Dritten Reich
Klettbuch 26145

Noack, Hans Georg: Trip
Klettbuch 26119

Nöstlinger, Christine: Das Austauschkind
Klettbuch 26169

Siebzehn Kurzgeschichten
Klettbuch 26122

Tetzner, Lisa: War Paul schuldig?
Klettbuch 26097

„... und denke an dich“
Texte zum Thema Liebe und Freundschaft
Klettbuch 26126

Wassermann, Jakob: Das Gold von Caxamalca
Klettbuch 26042

„Zeiger des Schicksals“
14 Kurzgeschichten
Klettbuch 26168

Zweig, Stefan/Scott, Robert/Weyrauch, Wolfgang:
Der Kampf um den Südpol
Klettbuch 26084
Hörspielkassette „Das grüne Zelt“ von Wolfgang Weyrauch
Klettbuch 260841